DIE VERBORGENE MACHT

Und andere Aufsätze zur Mentalwissenschaft

*

Thomas Troward

DIE VERBORGENE MACHT

Und andere Aufsätze zur Mentalwissenschaft

Deutsche Übersetzung der Originalausgabe
THE HIDDEN POWER

And Other Papers Upon Mental Science

Thomas Troward
Erstveröffentlichung 1921

Deutsche Übersetzung 2023
Jessica Dueber
31135 Hildesheim | Orleans - 22
Printedition und Kindle eBook durch
Amazon Media EU S.à r.l., 5 Rue Plaetis,
L-2338 Luxembourg
ISBN 9798374187793

Hinweis: Dieses Buch ist die Übersetzung eines Klassikers. Ein solches Werk ist naturgemäß ein Produkt seiner Zeit und kann Formulierungen oder Ansichten zu Themen wie Gender, Sexualität, Ethnizität etc. beinhalten, die heute anders formuliert und anders reflektiert werden würden.

INHALT

ANMERKUNG DER HERAUSGEBER

Das in diesem Band enthaltene Material wurde aus unveröffentlichten Manuskripten und Zeitschriftenartikeln von Richter Troward ausgewählt, und "The Hidden Power" ist vermutlich das letzte Buch, das unter seinem Namen veröffentlicht wird. Nur ein unbedeutender Teil seiner Arbeit wurde als nicht erhaltenswert erachtet. Wann immer es möglich war, wurden die Papiere mit einem Datum versehen. Diejenigen, die 1902 veröffentlicht wurden, erschienen ursprünglich in "EXPRESSION: A Journal of Mind and Thought" in London, und einige von ihnen wurden durch spätere Notizen des Autors ergänzt.

Die Herausgeber danken Herrn Daniel M. Murphy aus New York für seine Hilfe bei der Auswahl und Zusammenstellung des Materials.

I. DIE VERBORGENE MACHT

Wenn wir uns bewusst machen, wie sehr unser tägliches Leben aus Symbolen besteht, finden wir die Antwort auf die alte Frage "Was ist Wahrheit? Die Erkenntnis der Wahrheit besteht in der Fähigkeit, Symbole, ob natürliche oder konventionelle, in ihre Entsprechungen zu übersetzen; und die Wurzel aller Irrtümer der Menschheit besteht in der Unfähigkeit, dies zu tun, und in der Behauptung, hinter dem Symbol stecke nichts. Die große Aufgabe aller, die dieses Wissen erlangt haben, besteht darin, ihren Mitmenschen zu vermitteln, dass es eine innere Seite der Dinge gibt und dass man die Dinge selbst nicht kennt, solange man diese innere Seite nicht kennt.

Alles hat eine innere und eine äußere Seite, und die Eigenschaft des oberflächlichen Verstandes, die ihn bei der Erlangung der Wahrheit scheitern lässt, ist seine Bereitschaft, sich nur mit dem Äußeren zufrieden zu geben. Solange dies der Fall ist, ist es für einen Menschen unmöglich, die Bedeutung seiner eigenen Beziehung zum Universellen zu begreifen, und diese Beziehung ist es, die alles ausmacht, was mit dem Wort "Wahrheit" gemeint ist. Solange ein Mensch seine Aufmerksamkeit nur auf das Oberflächliche richtet, ist es für ihn unmöglich, in seinem Wissen voranzukommen. Er leugnet das Prinzip des "Wachstums", das die Wurzel allen Lebens ist, egal ob es sich um geistiges, intellektuelles oder materielles Leben handelt, denn er denkt nicht darüber nach, dass alles, was er als die äußere Seite der Dinge ansieht, nur aus einem Keimprinzip resultieren kann, das tief im Zentrum ihres Seins verborgen ist.

Das ist das Gesetz des Lebens, aus dem das ganze Universum hervorgeht, und zwar sowohl die große Einheit des kosmischen Seins als auch die einzelnen Individuen der kleinsten Organismen. Dieses große Prinzip ist der Schlüssel zum gesamten Rätsel des Lebens, ganz gleich, auf welcher Ebene wir es betrachten; und ohne diesen Schlüssel kann die Tür von der äußeren zur inneren Seite der Dinge niemals geöffnet werden. Es ist daher die Pflicht aller, denen diese Tür zumindest in gewissem Maße geöffnet wurde, sich zu bemühen, andere mit der Tatsache vertraut zu machen, dass es eine innere Seite der Dinge gibt und dass das Leben in dem Maße wahrer und erfüllter wird, in dem wir zu ihr vordringen und unsere Einschätzung aller Dinge danach ausrichten, was von diesem inneren Standpunkt aus sichtbar wird.

Im weitesten Sinne ist alles ein Symbol für das, was sein inneres Wesen ausmacht, und die ganze Natur ist eine Galerie von Geheimnissen, die demjenigen, der sie entschlüsseln kann, große Wahrheiten offenbaren. Aber es gibt noch einen genaueren Sinn, in dem unser gegenwärtiges Leben auf Symbolen beruht, und zwar in Bezug auf die wichtigsten Themen, die unsere Gedanken beschäftigen können: die Symbole, mit denen wir versuchen, die Natur und das Wesen Gottes darzustellen, und die Art und Weise, in der das Leben des Menschen mit dem göttlichen Leben verbunden ist. Der ganze Charakter des Lebens eines Menschen ergibt sich aus dem, was er wirklich glaubt: nicht aus seinem formalen Bekenntnis zu einem bestimmten Glaubensbekenntnis, sondern aus dem, was er als die Stufe begreift, die sein Verstand in Bezug auf dieses Thema tatsächlich erreicht hat.

Hat der Verstand eines Menschen nur den Punkt erreicht, an dem er denkt, dass es unmöglich ist, etwas über Gott zu wissen oder das Wissen zu nutzen, wenn er es hätte? Dann befindet sich seine ganze innere Welt in dem Zustand der Verwirrung, den es zwangsläufig geben muss, wenn noch kein Geist der Ordnung begonnen hat, sich in dem Chaos zu bewegen, in dem sich zwar die Elemente des Seins befinden, aber alle ungeordnet sind und sich gegenseitig neutralisieren. Ist er noch einen Schritt weiter gegangen und hat erkannt, dass es eine herrschende und ordnende Macht gibt, aber darüber hinaus nichts über deren Natur weiß? Dann ist das Unbekannte für ihn das Schreckliche, und er verbringt sein Leben inmitten eines Tumults von Ängsten und Nöten, die ihm jede Kraft rauben, voranzukommen, mit dem Versuch, diese Macht als etwas zu besänftigen, das ihm von Natur aus feindlich gesinnt ist, anstatt zu wissen, dass sie das Zentrum seines eigenen Lebens und Seins ist.

Und so muss das Leben eines Menschen von den tiefsten Tiefen der Unwissenheit bis hin zu den höchsten Höhen der Intelligenz immer genau die Stufe widerspiegeln, die er in der Erkenntnis der göttlichen Natur und seiner eigenen Beziehung zu ihr erreicht hat; und je mehr wir uns der vollen Erkenntnis der Wahrheit nähern, desto mehr dehnt sich das Lebensprinzip in uns aus, die alten Fesseln und Begrenzungen, die in Wirklichkeit nicht existierten, fallen von uns ab, und wir treten in Regionen des Lichts, der Freiheit und der Macht ein, von denen wir vorher keine Vorstellung hatten. Es kann daher gar nicht hoch genug eingeschätzt werden, wie wichtig es ist, das Symbol als Symbol zu erkennen und zu der inneren Substanz vorzudringen, die es repräsentiert. Das Leben selbst kann nur durch die bewusste Erfahrung seiner Lebendigkeit in uns selbst erkannt werden, und das Bestreben, diese Erfahrungen in Begriffe zu übersetzen, die anderen eine entsprechende Vorstellung vermitteln, ist der Grund für jede Symbolik.

Je näher die Menschen, an die wir uns wenden, der tatsächlichen Erfahrung kommen, desto durchsichtiger wird das Symbol; und je weiter sie von dieser Erfahrung entfernt sind, desto dicker ist der Schleier; und unser ganzer Fortschritt besteht darin, dass wir die Symbole immer vollständiger in immer klarere Aussagen über das, wofür sie stehen, übersetzen. Der erste Schritt, ohne den alle weiteren unmöglich sind, besteht darin, die Menschen davon zu überzeugen, dass Symbole Symbole sind und nicht die Wahrheit selbst. Die Schwierigkeit besteht darin, dass Symbole, wenn sie in irgendeiner Weise angemessen sind, in gewissem Maße die Form der Wahrheit darstellen müssen, so wie das Modell eines Tuches die Form der darunter liegenden Figur andeutet. Sie haben ein gewisses Bewusstsein, dass sie sich irgendwie in der Gegenwart der Wahrheit befinden, und das führt dazu, dass die Menschen sich dagegen wehren, dass die Falten des Vorhangs, die ihnen bisher diese Vorstellung vermittelt haben, entfernt werden.

Es gibt genügend Hinweise auf die innere Wahrheit in der äußeren Form, die den Ängstlichen und denjenigen, die nicht genug geistige Energie haben, um selbst zu denken, eine Entschuldigung dafür liefern, zu schreien, dass die Endgültigkeit bereits erreicht wurde und dass jede weitere Suche in der Sache mit der Zerstörung der Wahrheit enden muss. Doch mit diesem Aufschrei verraten sie ihre Unkenntnis über das Wesen der Wahrheit, die niemals zerstört werden kann: Allein die Tatsache, dass die Wahrheit Wahrheit ist, macht dies unmöglich. Und wieder zeigen sie ihre Unkenntnis über das erste Prinzip des Lebens - nämlich das Gesetz des Wachstums, das im gesamten Universum immer weiter in immer lebendigere Ausdrucksformen vordringt, sich überall ausbreitet und nirgendwo endet.

Solche unwissenden Einwände brauchen uns daher nicht zu beunruhigen; wir sollten uns bemühen, denen, die sie vorbringen, zu zeigen, dass das, was sie fürchten, die einzig natürliche Ordnung des göttlichen Lebens ist, das "über allem und durch alles und in allem" ist. Aber wir müssen dies behutsam tun und dürfen ihnen nicht mit

Gewalt das Objekt ihrer Angst aufdrängen und sie so von jeder Beschäftigung mit dem Thema abhalten. Wir sollten uns bemühen, sie allmählich dazu zu bringen, dass sie erkennen, dass es neben dem, was sie bisher für die letzte Wahrheit gehalten haben, noch etwas im Inneren gibt, und dass das Gefühl der Leere und Unzufriedenheit, das sich von Zeit zu Zeit in ihren Herzen bemerkbar macht, nichts anderes ist als das Vorwärtsdrängen des Geistes in ihrem Inneren, um die innere Seite der Dinge zu erklären, die allein das, was wir im Äußeren beobachten, zufriedenstellend erklären kann und ohne deren Kenntnis wir niemals die wahre Natur unseres Erbes im Universellen Leben, das das ewige Leben ist, erkennen können.

II

Was ist also dieses zentrale Prinzip, das die Wurzel aller Dinge ist? Es ist das Leben. Aber nicht das Leben, wie wir es in bestimmten Erscheinungsformen erkennen; es ist etwas Inneres und Konzentrierteres als das. Es ist die "Einheit des Geistes", die Einheit ist, einfach weil sie noch nicht in die Vielfalt übergegangen ist. Dieser Gedanke ist vielleicht nicht leicht zu begreifen, aber er ist die Wurzel aller wissenschaftlichen Vorstellungen vom Geist; denn ohne ihn gibt es kein gemeinsames Prinzip, auf das wir die unzähligen Erscheinungsformen des Geistes beziehen können.

Es ist die Vorstellung, dass das Leben die Summe all seiner unverteilten Kräfte ist, die noch nichts Bestimmtes sind, sondern alles, was sie sein können. Das ist zweifelsohne eine sehr abstrakte Vorstellung, aber es ist im Wesentlichen die des Zentrums, von dem aus das Wachstum durch Ausdehnung in alle Richtungen erfolgt. Das ist das letzte Residuum, das sich unserer Analysefähigkeit entzieht. Es ist wahrhaftig "das Unwissende", nicht im Sinne des Undenkbaren, sondern des Unanalysierbaren. Es ist Gegenstand der Wahrnehmung, nicht des Wissens, wenn wir mit Wissen das Vermögen meinen, die Beziehungen zwischen den Dingen abzuschätzen, denn hier sind wir über alle Fragen der Beziehungen hinausgegangen und stehen dem Absoluten gegenüber.

Dieses Innerste von allem ist der absolute Geist. Es ist das Leben, das sich noch nicht in eine bestimmte Form differenziert hat; es ist das universelle Leben, das alle Dinge durchdringt und der Kern aller Erscheinungen ist.

Dies zu erkennen bedeutet, in das Geheimnis der Macht einzudringen und den geheimen Ort des Lebendigen Geistes zu betreten. Ist es unlogisch, dies zuerst als das Unbekannte zu bezeichnen und dann davon zu sprechen, es zu erkennen? Vielleicht ja, aber kein Geringerer als der heilige Paulus hat es uns vorgemacht, denn spricht er nicht davon, dass das Endergebnis aller Erkundungen der Höhen und Tiefen und Längen und Breiten des Inneren der Dinge darin besteht, die Erkenntnis der Liebe zu erlangen, die alle Erkenntnis übersteigt? Wenn er so kühn unlogisch formuliert, wenn auch nicht in der Tat, dürfen wir dann nicht auch von der Erkenntnis des "Unwissbaren" sprechen? Wir dürfen, denn dieses Wissen ist die Wurzel allen anderen Wissens.

Das Vorhandensein dieser undifferenzierten universellen Lebenskraft ist die letzte axiomatische Tatsache, zu der uns alle unsere Analysen letztlich führen müssen. Egal, auf welcher Ebene wir unsere Analyse durchführen, sie muss immer auf die reine Essenz, die reine Energie, das reine Sein stoßen; das, was sich selbst kennt und erkennt, sich aber nicht zerlegen kann, weil es nicht aus Teilen besteht, sondern letztlich ganzheitlich ist: Es ist die reine Einheit. Aber eine Analyse, die nicht zur Synthese führt, ist nur destruktiv: Es ist das Kind, das die

Blume mutwillig in Stücke reißt und die Bruchstücke wegwirft; nicht der Botaniker, der die Blume ebenfalls in Stücke reißt, aber in seinem Geist aus den sorgfältig untersuchten Bruchstücken eine große Synthese der konstruktiven Kraft der Natur aufbaut, die die Gesetze der Entstehung aller Blumenformen umfasst. Der Wert der Analyse besteht darin, dass sie uns zum ursprünglichen Ausgangspunkt des Analysierten führt und uns die Gesetze lehrt, nach denen die endgültige Form aus diesem Zentrum hervorgeht.

Wenn wir das Gesetz des Aufbaus kennen, verwandeln wir unsere Analyse in eine Synthese und erlangen so eine Aufbaukraft, die für diejenigen, die das "Unwissbare" mit dem "Nicht-Sein" gleichsetzen, immer unerreichbar sein muss.

Diese Vorstellung vom Unwissbaren ist die Wurzel allen Materialismus'; und doch behandelt kein Wissenschaftler, egal wie materialistisch er ist, den unanalysierbaren Rest so, wenn er ihm in den Experimenten seines Labors begegnet. Im Gegenteil, er macht diese letzte unanalysierbare Tatsache zur Grundlage seiner Synthese. Er stellt fest, dass es sich letztlich um irgendeine Art von Energie handelt, sei es in Form von Wärme oder Bewegung; aber er gibt seine wissenschaftlichen Bemühungen nicht auf, weil er sie nicht weiter analysieren kann. Er geht genau den umgekehrten Weg und erkennt, dass die Erhaltung der Energie, ihre Unzerstörbarkeit und die Unmöglichkeit, der

Gesamtsumme der Energie in der Welt etwas hinzuzufügen oder von ihr abzuweichen, die einzige solide und unveränderliche Tatsache ist, auf der allein das Gebäude der physikalischen Wissenschaft errichtet werden kann. Sein gesamtes Wissen basiert auf dem Wissen über das "Unwissbare". Und das zu Recht, denn wenn er diese Energie in weitere Faktoren zerlegen könnte, stünde er immer noch vor dem gleichen Problem des "Unwissbaren". Unser ganzer Fortschritt besteht darin, dass wir das Unwissbare im Sinne des unanalysierbaren Residuums immer weiter zurückdrängen; aber dass es nirgendwo ein ultimatives unanalysierbares Residuum geben soll, ist eine unvorstellbare Vorstellung.

Wenn wir also die undifferenzierte Einheit des Lebendigen Geistes als zentrale Tatsache eines jeden Systems erkennen, sei es das System des gesamten Universums oder eines einzelnen Organismus, folgen wir einer streng wissenschaftlichen Methode. Wir verfolgen unsere Analyse so lange, bis sie uns zwangsläufig zu dieser letzten Tatsache führt, und dann akzeptieren wir diese Tatsache als Grundlage für unsere Synthese. Die Wissenschaft des Geistes ist also nicht weniger wissenschaftlich als die Wissenschaft der Materie. Sie geht von derselben Tatsache aus, nämlich von einer lebendigen Energie, die sich jeder Definition oder Erklärung entzieht, wo auch immer wir sie vorfinden; aber sie unterscheidet sich von der Wissenschaft der Materie dadurch, dass sie diese Energie unter dem Aspekt der reaktionsfähigen

Intelligenz betrachtet, die nicht in den Bereich der physikalischen Wissenschaft fällt. Die Wissenschaft des Geistes und die Wissenschaft der Materie sind keine Gegensätze. Sie ergänzen sich gegenseitig, und keine der beiden Wissenschaften ist ohne die Kenntnis der anderen vollständig verständlich; und da sie in Wirklichkeit nur zwei Teile eines Ganzen sind, gehen sie unmerklich ineinander über, ohne dass eine willkürliche Grenze zwischen ihnen gezogen werden kann. Die Wissenschaft, die in einem wahrhaft wissenschaftlichen Geist studiert wird und ihren eigenen Schlussfolgerungen unbeirrt bis zu ihren legitimen Ergebnissen folgt, wird immer den zweifachen Aspekt der Dinge offenbaren, den inneren und den äußeren; und es ist nur eine verkürzte und verstümmelte Wissenschaft, die sich weigert, beide anzuerkennen.

Die Erforschung der materiellen Welt ist kein Materialismus, wenn man ihr erlaubt, zu ihrem legitimen Thema vorzudringen. Materialismus ist die begrenzte Sichtweise des Universums, die nichts anderes als mechanische Wirkungen mechanischer Ursachen zulässt, und ein System, das keine höhere Macht als die physikalischen Kräfte der Natur anerkennt, kann sich logischerweise nur auf die physikalische Kraft oder auf Betrug berufen. Ich spreche natürlich von der Tendenz des Systems, nicht von der Moral der Einzelnen, die dem System, zu dem sie sich bekennen, oft weit voraus sind. Aber wenn wir die Verbreitung einer Denkweise vermeiden wollen, deren Auswirkungen die Geschichte nur zu deutlich zeigt, sei es im Italien der Borgias, im Frankreich der Ersten Revolution oder in der Kommune des Deutsch-Französischen Krieges, sollten wir uns mit dem inneren und geistigen Aspekt der Dinge befassen, der die Grundlage für ein System bildet, dessen logische Ergebnisse Wahrheit und Liebe statt Niedertracht und Gewalt sind.

Einige von uns haben sich sicher schon oft gefragt, warum das himmlische Jerusalem in der Offenbarung als Würfel beschrieben wird: "Seine Länge, seine Breite und seine Höhe sind gleich". Das liegt daran, dass der Würfel die Figur der vollkommenen Stabilität ist und somit die Wahrheit darstellt, die niemals umgestürzt werden kann. Du kannst ihn drehen und wenden, wie du willst, er bleibt der perfekte Würfel, der immer aufrecht steht; du kannst ihn nicht umstoßen. Diese Figur stellt also die konkrete Manifestation der zentralen lebensspendenden Energie dar, die selbst keine Ebene ist, sondern alle Ebenen erzeugt, die Ebenen des Oben und Unten und aller vier Seiten. Aber er ist gleichzeitig auch eine Stadt, ein Ort der Behausung, denn das "Innere" ist der Lebendige Geist, der dort wohnt.

So wie eine Ebene des Würfels alle anderen Ebenen und auch "das Innere" impliziert, so impliziert jede Ebene der Manifestation die anderen und auch das "Innere", das sie alle hervorbringt. Wenn wir in der spirituellen Seite der Wissenschaft - und jeder Bereich der Wissenschaft hat seine spirituelle Seite - Fortschritte machen wollen, müssen wir unseren Geist immer auf dieses "Innerste im

Inneren" richten, das das Potenzial aller äußeren Manifestationen enthält, die "vierte Dimension", die den Würfel hervorbringt; und unsere gebräuchlichen Redewendungen zeigen, wie intuitiv wir das tun. Wir sprechen von dem Geist, in dem eine Handlung vollzogen wird, davon, dass wir uns auf den Geist eines Spiels einlassen, vom Geist der Zeit und so weiter. Überall weist unsere Intuition auf den Geist als das wahre Wesen der Dinge hin; und erst wenn wir anfangen, von außen über sie zu diskutieren, anstatt von innen, geht unsere wahre Wahrnehmung ihrer Natur verloren.

Die wissenschaftliche Erforschung des Geistes besteht darin, demselben Prinzip, das uns jetzt nur unregelmäßig und vage aufblitzt, auf intelligente Weise und nach einer bestimmten Methode nachzugehen. Wenn wir einmal erkannt haben, dass diese universelle und unbegrenzte Kraft des Geistes allen Dingen und auch uns selbst zugrunde liegt, dann haben wir den Schlüssel zum Ganzen erhalten; und wie weit wir unsere Studien in der Geisteswissenschaft auch treiben mögen, wir werden nirgendwo etwas anderes finden als besondere Entwicklungen dieses einen universellen Prinzips. "Das Himmelreich ist in dir."

III

Ich habe betont, dass das "Innerste aller Dinge" lebendiger Geist ist und dass sich die Wissenschaft des Geistes von der Wissenschaft der Materie dadurch unterscheidet, dass sie die Energie unter dem Aspekt der reaktionsfähigen Intelligenz betrachtet, die nicht in den Bereich der physikalischen Wissenschaft als solcher fällt. Das sind die beiden wichtigsten Punkte, die wir beachten müssen, wenn wir eine klare Vorstellung von der Geisteswissenschaft behalten und uns nicht von Argumenten, die nur von der physikalischen Seite der Wissenschaft stammen, in die Irre führen lassen wollen: die Lebendigkeit des Ursprungsprinzips, das allen Dingen zugrunde liegt, und seine intelligente und reaktionsfähige Natur. Die Lebendigkeit des Prinzips ist für uns offensichtlich, zumindest ab dem Punkt, an dem wir es im Pflanzenreich erkennen; aber seine Intelligenz und Reaktionsfähigkeit sind vielleicht nicht so offensichtlich. Doch mit ein wenig Nachdenken werden wir auch das bald erkennen.

Niemand kann leugnen, dass es in der gesamten Natur eine intelligente Ordnung gibt, denn es erfordert die höchste Intelligenz unserer am besten ausgebildeten Köpfe, um den Schritten dieser universellen Intelligenz zu folgen, die ihnen immer voraus ist. Je tiefer wir die Welt, in der wir leben, erforschen, desto klarer muss uns werden, dass unsere gesamte Wissenschaft die Übersetzung dieser bereits existierenden Ordnung in Worte oder numerische

Symbole ist. Wenn die klare Darstellung dieser bestehenden Ordnung das Höchste ist, was der menschliche Verstand erreichen kann, spricht das für eine entsprechende Intelligenz in der Kraft, die diese große Abfolge von Ordnung und Zusammenhängen hervorbringt, so dass sie ein harmonisches Ganzes bilden. Wenn wir nicht auf die Vorstellung zurückgreifen, dass ein Arbeiter an einem Material arbeitet, das ihm fremd ist - in diesem Fall müssten wir das Phänomen des Arbeiters erklären -, können wir uns diese Kraft nur so vorstellen, dass sie der Lebendige Geist ist, der jedem Atom innewohnt, ihm eine äußere Form und Definition gibt und in ihm zu den Polaritäten wird, die seine charakteristische Natur ausmachen.

Hier gibt es kein zufälliges Wirken. Jede Anziehung und Abstoßung wirkt mit der ihr eigenen Kraft, um die Atome zu Molekülen, die Moleküle zu Geweben, die Gewebe zu Organen und die Organe zu Individuen zu formen. Auf jeder Stufe des Fortschritts erhalten wir die Summe der intelligenten Kräfte, die in den einzelnen Teilen wirken, plus einen höheren Grad an Intelligenz, den wir als kollektive Intelligenz betrachten können, die der bloßen Summe der Teile überlegen ist, etwas, das zum Individuum als Ganzes gehört und nicht zu den Teilen als solchen. Das sind Tatsachen, die sich in der Naturwissenschaft gut beweisen lassen, und sie liefern auch ein großes Gesetz in der Geisteswissenschaft, nämlich dass in jedem kollektiven

Körper die Intelligenz des Ganzen der Summe der Teile überlegen ist.

Der Geist ist die Wurzel aller Dinge, und eine aufmerksame Beobachtung zeigt, dass sein Wirken von einer unfehlbaren Intelligenz geleitet wird, die die Mittel dem Zweck anpasst und das gesamte Universum des manifestierten Seins auf jene wunderbare Weise harmonisiert, die die physikalische Wissenschaft jeden Tag deutlicher macht; und diese Intelligenz muss im erzeugenden Geist selbst liegen, denn es gibt keine andere Quelle, aus der sie stammen könnte. Aus diesem Grund können wir eindeutig behaupten, dass der Geist intelligent ist und dass alles, was er tut, durch die intelligente Anpassung der Mittel an den Zweck geschieht.

Aber der Geist ist auch reaktionsfähig. Und hier müssen wir auf das oben genannte Gesetz zurückgreifen, dass die bloße Summe der Intelligenz des Geistes in den niedrigeren Manifestationsstufen nicht der Intelligenz des komplexen Ganzen als Ganzes entspricht. Dies ist ein radikales Gesetz, das wir uns nicht zu sehr einprägen können. Der Grad der geistigen Intelligenz wird durch die Ganzheit des Organismus bestimmt, in dem sie zum Ausdruck kommt; und deshalb hat das höher organisierte Wesen einen Grad des Geistes, der allen niedrigeren oder weniger vollständig integrierten Graden des Geistes überlegen und folglich in der Lage ist, die Kontrolle über sie auszuüben; und da das so ist, können wir jetzt anfangen zu verstehen, warum der Geist, der das "Innerste aller Dinge" ist, sowohl reaktionsfähig als auch intelligent ist.

Da er intelligent ist, weiß er, und da der Geist letztlich alles ist, was es gibt, ist das, was er weiß, er selbst. Daher ist er die Kraft, die sich selbst erkennt, und dementsprechend erkennen die niederen Kräfte seine höheren Kräfte, und durch das Gesetz der Anziehung sind sie gezwungen, auf die höheren Grade ihrer selbst zu reagieren. Nach diesem allgemeinen Prinzip ist der Geist, egal unter welcher äußeren Hülle, notwendigerweise intelligent und reaktionsfähig. Intelligenz und Reaktionsfähigkeit setzen jedoch Persönlichkeit voraus. Deshalb können wir jetzt einen Schritt weitergehen und behaupten, dass jeder Geist Elemente der Persönlichkeit enthält, auch wenn er in einem bestimmten Fall noch nicht als die individuelle Persönlichkeit zum Ausdruck kommt, die wir in uns selbst finden.

Kurz gesagt, der Geist ist immer persönlich, auch wenn er noch nicht den Grad der Synthese erreicht hat, der ausreicht, um ihn in seiner Manifestation persönlich zu machen. In uns selbst ist die Synthese weit genug fortgeschritten, um diesen Grad zu erreichen, und deshalb erkennen wir uns selbst als die Manifestation der Persönlichkeit. Das Menschenreich ist das Reich der Manifestation dieser Persönlichkeit, die das Wesen der geistigen Substanz auf jeder Ebene ausmacht. Oder, um das ganze Argument zu vereinfachen, können wir sagen, dass unsere eigene Persönlichkeit notwendigerweise ihren

Ursprung in dem hat, was persönlich ist, nach dem Prinzip, dass man aus einer Tasche nicht mehr herausholen kann, als sie enthält.

Und da der Geist notwendigerweise das ist, was sich selbst kennt und daher seine eigenen Stufen in seinen verschiedenen Formen erkennen muss, ist der Geist in allen Stufen unterhalb der menschlichen Persönlichkeit gezwungen, auf sich selbst in der höheren Stufe zu reagieren, die die menschliche Individualität ausmacht; und das ist die Grundlage der Macht des menschlichen Denkens, sich in unendlichen Formen seiner eigenen Ordnung zu äußern.

Aber wenn die Unterordnung der niederen Stufen des Geistes unter die höheren eines der grundlegenden Gesetze ist, die der schöpferischen Kraft des Denkens zugrunde liegen, gibt es noch ein anderes, ebenso grundlegendes Gesetz, das dem Missbrauch dieser Kraft eine heilsame Schranke setzt. Es ist das Gesetz, dass wir die Kräfte des Universums nur in dem Maße für unsere Zwecke nutzen können, wie wir ihren allgemeinen Charakter erkennen und befolgen. Wir können Wasser für jeden Zweck nutzen, der nicht erfordert, dass es bergauf läuft, und wir können Elektrizität für jeden Zweck nutzen, der nicht erfordert, dass sie von einem niedrigeren zu einem höheren Potenzial übergeht.

So ist es auch mit der universellen Kraft, die wir den Geist nennen. Sie hat einen inhärenten allgemeinen Charakter, den wir erfüllen müssen, wenn wir sie für unsere speziellen Zwecke nutzen wollen, und dieser Charakter wird in dem einen Wort "Güte" zusammengefasst. Der Geist ist das Leben, daher muss seine allgemeine Tendenz immer lebensfördernd sein oder die Lebendigkeit jedes Einzelnen erhöhen. Und da er universell ist, kann er keine besonderen Interessen verfolgen und muss daher immer zum Wohle aller handeln. Das ist der allgemeine Charakter des Geistes; und so wie Wasser, Elektrizität oder andere physikalische Kräfte des Universums nicht gegen ihren allgemeinen Charakter arbeiten, so wird auch der Geist nicht gegen seinen allgemeinen Charakter arbeiten.

Die Schlussfolgerung ist offensichtlich. Wenn wir den Geist nutzen wollen, müssen wir dem Gesetz des Geistes folgen, das "Güte" heißt. Das ist die einzige Einschränkung. Wenn unsere ursprüngliche Absicht gut ist, können wir die geistige Kraft für jeden beliebigen Zweck einsetzen. Und wie ist "Güte" zu definieren? Ganz einfach durch die kindliche Definition, dass das, was schlecht ist, nicht gut ist, und dass das, was gut ist, nicht schlecht ist; wir alle kennen instinktiv den Unterschied zwischen schlecht und gut. Wenn wir diesem Prinzip des Gehorsams gegenüber dem allgemeinen Gesetz des Geistes folgen wollen, müssen wir nur noch das Gesetz des Verhältnisses zwischen den mehr und den weniger vollständig integrierten Formen des Geistes studieren und dann unser Wissen entschlossen einsetzen.

IV

Das Gesetz des Geistes, zu dem uns unsere Untersuchung nun geführt hat, ist von größter Tragweite. Wir haben es von der Vorstellung der Intelligenz des Geistes, die in den ursprünglichen Atomen vorhanden ist, bis hin zur Aggregation dieser Intelligenz als bewusste Identität des Individuums verfolgt. Aber es gibt keinen Grund, warum dieses Gesetz an diesem Punkt oder an einem Punkt, der nicht zum Ganzen gehört, aufhören sollte zu wirken. Der Test für die Solidität eines Prinzips ist, dass es im Großen genauso wirksam ist wie im Kleinen, dass die Art des Bereichs durch die Art des Prinzips selbst bestimmt wird und dass die Ausdehnung des Bereichs unbegrenzt ist. Wenn wir also das Gesetz, das wir gerade betrachtet haben, weiterverfolgen, führt es uns zur Vorstellung einer Intelligenzeinheit, die der des einzelnen Menschen so weit überlegen ist, wie die Einheit seiner individuellen Intelligenz der Intelligenz jedes einzelnen Atoms seines Körpers überlegen ist; und so können wir uns eine kollektive Individualität vorstellen, die den geistigen Charakter einer beliebigen Ansammlung von Menschen, den Bewohnern einer Stadt, eines Bezirks, eines Landes oder der ganzen Welt repräsentiert.

Der Prozess muss hier nicht aufhören. Nach dem gleichen Prinzip gäbe es eine übergeordnete kollektive Individualität für die Menschheit des gesamten Sonnensystems, und schließlich gelangen wir zu der

Vorstellung einer höchsten Intelligenz, die die kollektiven Individualitäten aller Systeme im Universum in sich vereint. Dies ist keineswegs eine rein phantasievolle Vorstellung. Es ist das Gesetz, nach dem sich unsere eigene bewusste Individualität konstituiert, und wir finden das analoge Prinzip auch auf der physischen Ebene. Es ist in der Physik als das "Gesetz der umgekehrten Quadrate" bekannt, nach dem die Kräfte der gegenseitigen Anziehung oder Abstoßung nicht nur der Summe der Kräfte entsprechen, die von den beiden betroffenen Körpern ausgehen, sondern diese beiden Kräfte miteinander multipliziert und durch das Quadrat des Abstands zwischen ihnen geteilt werden, so dass die resultierende Kraft kontinuierlich in einem schnell ansteigenden Verhältnis ansteigt, wenn sich die beiden sich gegenseitig anregenden Körper einander nähern.

Da dieses Gesetz in der gesamten physischen Natur gilt, gibt die Lehre von der Kontinuität allen Grund zu der Annahme, dass es auch für die geistige Natur gilt. Wir dürfen nie das alte Sprichwort aus den Augen verlieren, dass "eine Wahrheit auf einer Ebene eine Wahrheit auf allen Ebenen ist". Wenn ein Prinzip überhaupt existiert, dann existiert es universell. Wir dürfen uns nicht von Äußerlichkeiten in die Irre führen lassen, sondern müssen bedenken, dass die wahrnehmbaren Ergebnisse der Wirkung eines Prinzips aus zwei Faktoren bestehen - dem Prinzip selbst oder dem aktiven Faktor und dem Gegenstand, auf den es einwirkt, oder dem passiven Faktor;

und während das erste unveränderlich ist, ist das zweite veränderlich, und die Einwirkung desselben unveränderlichen Faktors auf verschiedene Variablen muss zwangsläufig unterschiedliche Ergebnisse hervorbringen. Das wird sofort klar, wenn wir es mathematisch ausdrücken: Zum Beispiel ergeben a, b oder c, multipliziert mit x, jeweils die Ergebnisse ax, bx, cx, die sich wesentlich voneinander unterscheiden, obwohl der Faktor x immer derselbe bleibt.

Dieses Gesetz der Krafterzeugung durch Anziehung gilt sowohl auf der geistigen als auch auf der körperlichen Ebene und wirkt auf beiden mit der gleichen mathematischen Präzision; und so besteht die menschliche Individualität nicht in der bloßen Anhäufung ihrer Teile, ob geistig oder körperlich, sondern in der Einheit der Kraft, die sich aus der innigen Verbindung ergibt, in die diese Teile miteinander treten. So erklärt ein natürliches Prinzip, das sowohl für das physische als auch für das geistige Gesetz gilt, alle Ansprüche, die jemals an die schöpferische Kraft unserer Gedanken über alle Dinge gestellt wurden, die in den Kreis unseres eigenen Lebens fallen. So ist jeder Mensch das Zentrum seines eigenen Universums und hat die Macht, durch die Lenkung seiner eigenen Gedanken alle Dinge darin zu kontrollieren.

Aber, wie ich oben schon sagte, gibt es keinen Grund, warum dieses Prinzip nicht von der Einzelperson aus auf das gesamte Universum ausgedehnt werden sollte. Jeder Mensch, der das Zentrum seiner eigenen Welt ist, steht selbst im Zentrum eines höheren Systems, in dem er nur eines von unzähligen ähnlichen Atomen ist, und dieses System wiederum in einem höheren, bis wir das höchste Zentrum aller Dinge erreichen; Intelligenz und Macht nehmen von Zentrum zu Zentrum in einem Verhältnis zu, das mit unvorstellbarer Geschwindigkeit ansteigt, gemäß dem Gesetz, das wir jetzt untersuchen, bis sie in einer unermesslichen Intelligenz und Macht gipfeln, die dem All-Sein entspricht.

Wir haben nun gesehen, dass die Beziehung des Menschen zu den niederen Formen des Geistes die einer Überlegenheit und eines Befehls ist. In jedem harmonisch aufgebauten System beeinträchtigt die Beziehung des Teils zum Ganzen niemals die freie Entfaltung des Teils bei der Erfüllung seiner eigenen Funktionen; im Gegenteil, gerade durch diese Beziehung wird jeder Teil in der Lage gehalten, alle Funktionen zu erfüllen, für die er geeignet ist. Die Unterordnung des einzelnen Menschen unter den höchsten Geist ist also keineswegs eine Einschränkung seiner Freiheit, sondern genau die Bedingung, die Freiheit oder sogar das Leben selbst möglich macht. Die allgemeine Bewegung des Ganzen zieht den Teil zwangsläufig mit sich, und solange der Teil sich auf diese Weise mitreißen lässt, wird er nicht daran gehindert, frei in die Richtung zu arbeiten, für die er aufgrund seiner Individualität geeignet ist. Diese Wahrheit wurde in der alten Hindu-Religion als das Auto von Jaggarnath dargestellt - ein ideales Auto, das in späteren Zeiten zu einem schrecklich materiellen

Symbol degradiert wurde. "Jaggarnath" bedeutet "Herr des Universums" und steht damit für den universellen Geist. Dieser muss sich nach dem Gesetz des Seins immer vorwärts bewegen, unabhängig von den Versuchen Einzelner, ihn aufzuhalten. Diejenigen, die auf seinen Wagen aufsteigen, fahren mit ihm zu einer endlos fortschreitenden Evolution, während diejenigen, die versuchen, sich ihm zu widersetzen, unter seinen Rädern zermalmt werden müssen, denn er kennt keine Rücksicht auf Personen.

Wenn wir also das universelle Gesetz des Geistes nutzen wollen, um unsere eigenen kleinen individuellen Welten zu kontrollieren, müssen wir es auch in Bezug auf das höchste Zentrum anerkennen, um das wir uns selbst drehen. Aber nicht auf die alte Art und Weise, indem wir annehmen, dass dieses Zentrum eine launische Individualität außerhalb von uns selbst ist, die besänftigt oder überredet werden kann, das Gute zu geben, das sie aus eigener Kraft nicht geben kann. Solange wir an dieser kindlichen Vorstellung festhalten, sind wir noch nicht in die Freiheit gelangt, die sich aus dem Wissen um die Gewissheit des Gesetzes ergibt. Der Höchste Geist ist das Höchste Gesetz und kann mit der gleichen Genauigkeit berechnet werden, wie sie sich in den einzelnen Gesetzen der physischen Welt manifestiert; und das Ergebnis des Studiums, Verstehens und Befolgens dieses Höchsten Gesetzes ist, dass wir dadurch die Macht erlangen, es zu nutzen. Wir brauchen es auch nicht mit der alten Furcht zu fürchten, die aus Unwissenheit entsteht, denn wir können uns getrost auf den Satz verlassen, dass das Ganze kein Interesse haben kann, das den Teilen, aus denen es besteht, zuwiderläuft, und dass umgekehrt der Teil kein Interesse haben kann, das dem Ganzen zuwiderläuft.

Unsere Unkenntnis über unser Verhältnis zum Ganzen mag uns den Anschein geben, dass wir getrennte Interessen haben, aber eine wahrere Erkenntnis muss diese Vorstellung immer als falsch erweisen. Aus diesem Grund muss sich dieselbe Empfänglichkeit des Geistes, die sich als Gehorsam gegenüber unseren Wünschen manifestiert, wenn wir auf die Grade des Geistes blicken, die niedriger sind als ihre eigene Individualität, als ein notwendiges Einströmen von Intelligenz und Kraft manifestieren, wenn wir auf die Unendlichkeit des Geistes blicken, von der unsere Individualität ein singulärer Ausdruck ist, denn wenn wir so nach oben blicken, suchen wir nach den höheren Graden unserer selbst.

Die zunehmende Vitalität der Teile bedeutet eine zunehmende Vitalität des Ganzen, und da es unmöglich ist, sich den Geist anders als ein sich ständig ausdehnendes Lebensprinzip vorzustellen, muss die Nachfrage nach dieser zunehmenden Vitalität aufgrund der dem Geist innewohnenden Natur durch eine entsprechende Zufuhr von ständig wachsender Intelligenz und Kraft gedeckt werden. Es ist ein Naturgesetz, dass die Nachfrage das Angebot schafft, und dieses Angebot kann frei auf jedes Thema angewendet werden, das sich uns anbietet. Es gibt keine andere Grenze für den Vorrat dieser Energie als die, die wir ihr durch unser Denken selbst setzen; und es gibt auch keine andere Grenze für die Zwecke, denen wir sie dienen lassen können, als das eine große Gesetz der Ordnung, das besagt, dass gute Dinge, die für falsche Zwecke verwendet werden, böse werden. Die Betrachtung der intelligenten und reaktionsfähigen Natur des Geistes zeigt, dass es keine anderen Grenzen als diese geben kann. Die eine ist eine Begrenzung, die dem Geist selbst innewohnt, und die andere ist eine Begrenzung, die nur in unserer eigenen Unwissenheit begründet ist.

Es stimmt, dass wir, um unser gesundes Handeln innerhalb des Kreises unserer eigenen individuellen Welt aufrechtzuerhalten, uns ständig mit der Bewegung des größeren Ganzen, von dem wir ein Teil sind, vorwärts bewegen müssen. Aber das bedeutet keine Einschränkung unserer Freiheit, unser Leben in Übereinstimmung mit den universellen Lebensprinzipien, auf denen es beruht, voll auszuschöpfen; denn es gibt nicht ein Gesetz für den Teil und ein anderes für das Ganze, sondern dasselbe Gesetz des Seins durchdringt beide gleichermaßen. In dem Maße, in dem wir das wahre Gesetz unserer eigenen Individualität erkennen, werden wir feststellen, dass es mit dem Gesetz des Fortschritts für die Menschheit übereinstimmt. Die kollektive Individualität der Menschheit ist nur die Reproduktion der persönlichen Individualität in einem größeren Maßstab; und jede Handlung, die die dem Einzelnen innewohnenden Kräfte wahrhaftig entwickelt, muss notwendigerweise mit dem Vorwärtsmarsch des universellen Geistes übereinstimmen, der die Evolution der Menschheit als Ganzes darstellt.

Egoismus ist eine verengte Sichtweise unserer eigenen Natur, die unseren Platz im Verhältnis zum Ganzen aus den Augen verliert und nicht wahrnimmt, dass unser Leben von eben diesem Verhältnis bestimmt wird. Es ist die Unkenntnis unserer eigenen Möglichkeiten und die daraus resultierende Begrenzung unserer eigenen Kräfte. Wenn also die Beweise für eine harmonische Wechselbeziehung in der gesamten physischen Welt unwiderstehlich zu dem Schluss führen, dass der intelligente Geist das Innerste aller Dinge ist, müssen wir auch uns selbst als individuelle Manifestationen desselben Geistes erkennen, der sich im gesamten Universum als die Kraft der intelligenten Reaktionsfähigkeit, die Liebe, ausdrückt.

V

So erkennen wir, dass wir ein notwendiger und integraler Bestandteil der unendlichen Harmonie des Alls sind. Wir erkennen diese große Wahrheit nicht nur als vage Intuition, sondern als logisches und unvermeidliches Ergebnis des universellen Lebensprinzips, das die ganze Natur durchdringt. Wir stellen fest, dass unsere Intuition richtig war, weil wir das Gesetz entdeckt haben, das sie hervorgebracht hat; und nun vereinen sich Intuition und Forschung, um uns unseren individuellen Platz im großen

Plan der Dinge zu verdeutlichen. Selbst die am weitesten Fortgeschrittenen unter uns haben bisher nur die leiseste Ahnung, was dieser Platz ist. Es ist der Ort der Macht. Gegenüber den höheren Formen des Geistes, die wir als "das Universelle" bezeichnen, wird der Mensch durch das Gesetz seines innersten Wesens zu einer Linse, die alles, was er an Licht und Kraft will, in unerschöpflichen Strömen in den Brennpunkt seiner eigenen Individualität zieht; und gegenüber den niederen Formen des Geistes, die für jeden die Sphäre seiner eigenen besonderen Welt bilden, wird der Mensch so zum lenkenden Zentrum von Energie und Ordnung.

Können wir uns eine Position vorstellen, die größere Möglichkeiten bietet als diese? Der Kreis dieses lebenswichtigen Einflusses kann sich ausweiten, wenn der Einzelne in die Betrachtung seiner Einheit mit dem Unendlichen Wesen hineinwächst; aber ein umfassenderes Gesetz der Beziehung lässt sich nicht formulieren. Emerson hat zu Recht gesagt, dass ein wenig Algebra oft mehr zur Klärung unserer Vorstellungen beiträgt als eine große Menge poetischer Gleichnisse. Algebraisch gesehen ist es eine Selbstverständlichkeit, dass jeder Unterschied zwischen verschiedenen Potenzen von x verschwindet, wenn man sie mit x multipliziert mit sich selbst bis ins Unendliche vergleicht, weil es kein Verhältnis zwischen einer bestimmten Potenz, wie hoch sie auch sein mag, und dem Unendlichen geben kann; und so muss die Beziehung zwischen dem Einzelnen und dem All-Wesen immer dieselbe bleiben.

Dies beeinträchtigt jedoch in keiner Weise das Gesetz des Wachstums, durch das der Einzelne zu immer höheren Kräften seiner eigenen Individualität aufsteigt. Die Unveränderlichkeit der Beziehung zwischen allen bestimmten Kräften von x und der Unendlichkeit berührt nicht die Beziehungen der verschiedenen Kräfte von x untereinander; vielmehr ist die Tatsache, dass die Multiplikation von x in sich selbst bis ins Unendliche geistig denkbar ist, der eigentliche Beweis dafür, dass es keine Grenze gibt, bis zu der es möglich ist, x in seinen bestimmten Kräften zu erhöhen.

Ich vertraue darauf, dass nicht-mathematische Leserinnen und Leser mir verzeihen, wenn ich diese Art der Erklärung zum Nutzen anderer verwende, für die sie überzeugend sein wird. Eine Beziehung, die einmal klar in ihrem mathematischen Aspekt erfasst wurde, wird von nun an zu einer der unveränderlichen Wahrheiten des Universums, über die nicht mehr gestritten werden muss, sondern die als Axiom angenommen werden kann, auf dem das Gebäude des weiteren Wissens aufgebaut werden kann. Aber abgesehen von den mathematischen Formeln können wir sagen, dass das Unendliche unendlich ist und es daher keine Grenzen gibt, bis zu denen das Lebensprinzip des Wachstums aus ihm schöpfen kann. Weil wir sind, was wir sind, können wir werden, was wir wollen.

Die Kabbalisten erzählen uns vom "verlorenen Wort", dem Wort der Macht, das die Menschheit verloren hat. Für den, der dieses Wort entdeckt, sind alle Dinge möglich. Ist dieses wunderbare Wort wirklich verloren? Ja und Nein. Es ist das offene Geheimnis des Universums, und die Bibel gibt uns den Schlüssel dazu. Sie sagt uns: "Das Wort ist nahe bei dir, in deinem Mund und in deinem Herzen". Es ist das vertrauteste aller Worte, das Wort, das wir in unserem Herzen als Zentrum unseres bewussten Seins erkennen und das wir hundertmal am Tag im Mund haben. Es ist das Wort "ICH BIN". Weil ich bin, was ich bin, kann ich sein, was ich sein will. Meine Individualität ist eine der Formen, in denen sich das Unendliche ausdrückt, und deshalb bin ich selbst diese Kraft, die ich als das Innerste aller Dinge empfinde.

Für mich, der ich die große Einheit allen Geistes erkenne, ist das Unendliche nicht das Unbestimmte, denn ich sehe es als das Unendliche von mir selbst. Es ist dasselbe ICH BIN, das ich bin, und zwar nicht durch einen unbestimmten Akt der Gunst, sondern durch das Gesetz der Polarität, das die Grundlage der gesamten Natur ist. Das Gesetz der Polarität ist das Gesetz, nach dem sich alles vollendet, indem es sich in die entgegengesetzte Richtung manifestiert, von der es ausgegangen ist. Es ist das einfache Gesetz, nach dem es kein Innen ohne ein Außen gibt und kein Ende eines Stocks ohne ein entgegengesetztes Ende.

Leben ist Bewegung, und jede Bewegung ist das Auftauchen von Energie an einem anderen Punkt und, wenn Arbeit verrichtet wurde, in einer anderen Form als der, in der sie entstanden ist; aber wo immer sie wieder auftaucht und in welcher neuen Form auch immer, die belebende Energie ist immer noch dieselbe. Das ist nichts anderes als die wissenschaftliche Lehre von der Erhaltung der Energie, und auf diesem anerkannten Prinzip beruht unsere Wahrnehmung von uns selbst als integrale Teile der großen universellen Kraft.

Wir tun gut daran, den Worten der großen Lehrer, die gelehrt haben, dass alle Macht im "ICH BIN" liegt, Beachtung zu schenken und diese Lehre im Glauben an ihre bloße Autorität anzunehmen, anstatt sie überhaupt nicht zu akzeptieren; aber der bessere Weg ist, zu wissen, warum sie so gelehrt haben, und dieses erste große Gesetz, das alle Meistergeister im Laufe der Zeitalter erkannt haben, für uns selbst zu verwirklichen. Es ist in der Tat wahr, dass das "verlorene Wort" dasjenige ist, das uns am vertrautesten ist, immer in unseren Herzen und auf unseren Lippen. Wir haben nicht das Wort verloren, sondern das Wissen um seine Macht. Und während sich uns die unendlichen Tiefen der Bedeutung, die die Worte ICH BIN mit sich bringen, erschließen, beginnen wir die erstaunliche Wahrheit zu erkennen, dass wir selbst die Kraft sind, die wir suchen.

Es ist die Polarisierung des Geistes vom Universellen ins Partikulare, die alle ihm innewohnenden Kräfte mit sich bringt, so wie die kleinste Flamme alle Eigenschaften des Feuers hat. Das ICH BIN im Individuum ist nichts anderes als das ICH BIN im Universellen. Es ist dieselbe Kraft, die in der kleineren Sphäre wirkt, deren Zentrum das Individuum ist. Das ist die große Wahrheit, die die Alten mit dem Bild des Makrokosmos und des Mikrokosmos beschrieben, wobei das kleinere ICH BIN das genaue Abbild des größeren ICH BIN ist, und von dem die Bibel spricht, wenn sie den Menschen als Abbild Gottes bezeichnet.

Die große praktische Bedeutung dieses Prinzips liegt darin, dass es den Schlüssel zu dem großen Gesetz "Wie der Mensch denkt, so ist er" liefert. Wir werden oft gefragt, warum das so ist, und die Antwort kann wie folgt lauten: Wir wissen aus eigener Erfahrung, dass wir unsere eigene Lebendigkeit auf zwei Arten verwirklichen: durch unsere Handlungsfähigkeit und unsere Empfänglichkeit für Gefühle. Das bedeutet also unendliche Empfänglichkeit. Der Grad der Empfindsamkeit steht außer Frage, denn Geist ist Empfindsamkeit und damit unendlich plastisch für die kleinste Berührung, die auf ihn einwirkt; daher sendet jeder Gedanke, den wir formulieren, seine vibrierenden Ströme in die Unendlichkeit des Geistes aus und erzeugt dort Ströme von gleicher Qualität, aber von viel größerer Kraft.

Der Geist im Unendlichen ist die schöpferische Kraft des Universums, und der Einfluss unseres Gedankens auf ihn setzt eine wahrhaft schöpferische Kraft in Bewegung. Und wenn dieses Gesetz für einen Gedanken gilt, dann gilt es auch für alle anderen, und so schaffen wir uns ständig eine Umgebung, die genau die Beschaffenheit unserer eigenen Gedanken widerspiegelt. Ausdauernde Gedanken haben natürlich eine größere Außenwirkung als zufällige Gedanken, die sich nicht auf ein bestimmtes Objekt konzentrieren. Zerstreute Gedanken, die kein Prinzip der Einheit erkennen, werden kein Prinzip der Einheit reproduzieren. Der Gedanke, dass wir schwach sind und keine Macht über die Umstände haben, führt dazu, dass wir nicht in der Lage sind, die Umstände zu kontrollieren, und der Gedanke an Macht erzeugt Macht.

In jedem Moment haben wir es mit einem unendlich sensiblen Medium zu tun, das schöpferische Energien in Gang setzt, die den kleinsten unserer Gedankenschwingungen eine Form geben. Diese Macht ist uns aufgrund unserer spirituellen Natur inhärent und wir können uns nicht von ihr trennen. Sie ist unser wahrhaft gewaltiges Erbe, denn sie ist eine Kraft, die, wenn sie nicht auf intelligente Weise in geordnete Bahnen gelenkt wird, ihre unkontrollierten Kräfte in zerstörerische Energie umwandeln wird. Wenn sie nicht zum Aufbau genutzt wird, wird sie zerstören. Und das ist nichts Außergewöhnliches: Es ist lediglich das Wiedererscheinen desselben Prinzips, das alle Kräfte der Natur durchdringt, auf der Ebene des Universellen und Ununterschiedenen. Welche dieser Kräfte ist nicht zerstörerisch, wenn sie nicht in eine bestimmte Richtung gelenkt wird? Aufgestauter Dampf, aufgestaute Elektrizität, aufgestautes Wasser werden irgendwann ausbrechen und alles zerstören; aber wenn sie durch geeignete Kanäle abgeleitet werden, werden sie zu Quellen konstruktiver Kraft, die so unerschöpflich ist wie die Natur selbst.

An dieser Stelle möchte ich die Aufmerksamkeit auf die Idee der Akkumulation lenken. Je größer die Anhäufung von Energie ist, desto größer ist die Gefahr, wenn sie nicht in die richtigen Bahnen gelenkt wird, und desto größer ist die Kraft, wenn sie es tut. Zum Glück für die Menschheit gibt es physikalische Kräfte wie die Elektrizität normalerweise nicht in hochkonzentrierter Form. Gelegentlich bewirken die Umstände eine solche Konzentration, aber in der Regel sind die Elemente der Kraft mehr oder weniger gleichmäßig verstreut. In ähnlicher Weise hat die geistige Kraft bei der Masse der Menschheit noch keinen hohen Konzentrationsgrad erreicht. Es stimmt, dass jeder Geist in gewissem Maße ein Konzentrationszentrum sein muss, denn sonst hätte er keine bewusste Individualität. Aber die Kraft des individualisierten Geistes nimmt rasch zu, wenn er seine Einheit mit dem unendlichen Leben erkennt, und seine Gedankenströme, ob gut oder schlecht gelenkt, nehmen dann eine entsprechend große Bedeutung an.

Daher werden die negativen Auswirkungen falsch gerichteter Gedanken bei der großen Masse der Menschheit bis zu einem gewissen Grad gemildert, und es gibt viele Ursachen, die den Gedanken eine richtige Richtung geben, auch wenn die Denker selbst nicht wissen, was Gedankenkraft ist. Den Gedanken der unwissenden Denker die richtige Richtung zu geben, ist der Zweck vieler religiöser Lehren, die diese Unbelehrbaren im Glauben an die bloße Autorität annehmen müssen, weil sie nicht in der Lage sind, ihre wahre Bedeutung zu erkennen. Doch trotz der Hilfen, die der Menschheit auf diese Weise gegeben werden, kann der allgemeine Strom ungeregelter Gedanken nur eine negative Tendenz haben. Daher ist das große Ziel, auf das der unterrichtete Geist seine Kraft richtet, sich selbst aus den Verstrickungen ungeordneter Gedanken zu befreien und anderen dabei zu helfen, dasselbe zu tun. Sich aus dieser Verstrickung zu befreien, bedeutet, die vollkommene Freiheit zu erlangen, die wiederum die vollkommene Macht ist.

VI

Die Verstrickung, aus der wir uns befreien müssen, hat ihren Ursprung in demselben Prinzip, aus dem Freiheit und Macht entstehen. Es ist das gleiche Prinzip, das unter umgekehrten Bedingungen angewendet wird. Und hier möchte ich besonders auf das Gesetz hinweisen, dass jede Folge, die in umgekehrter Reihenfolge abläuft, auch ein umgekehrtes Ergebnis hervorbringt. Die physikalische Welt bietet unzählige Beispiele für die Funktionsweise der "Umkehrung". Im Dynamo beginnt die Abfolge mit mechanischer Kraft, die schließlich in die subtilere Kraft der Elektrizität umgewandelt wird; kehrt man diese Reihenfolge jedoch um, indem man mit der Erzeugung von Elektrizität beginnt, wird diese in mechanische Kraft umgewandelt, wie im Motor. In der einen Reihenfolge erzeugt die Drehung eines Rades Elektrizität, und in der umgekehrten Reihenfolge erzeugt Elektrizität die Drehung eines Rades. Oder um das gleiche Prinzip in der einfachsten arithmetischen Form darzustellen: Wenn 10÷2=5, dann 10÷5=2. Die "Umkehrung" ist ein wichtiger Faktor, mit dem man rechnen muss, aber ich muss mich hier damit begnügen, auf das allgemeine Prinzip hinzuweisen, dass ein und dieselbe Kraft diametral entgegengesetzte Wirkungen hervorrufen kann, wenn sie unter entgegengesetzten Bedingungen angewendet wird - eine Wahrheit, die die so genannten "Magier" des Mittelalters durch zwei Dreiecke ausdrückten, die umgekehrt zueinander standen. Wir neigen dazu, den Fehler zu begehen, anzunehmen, dass Ergebnisse entgegengesetzter Art Kräfte entgegengesetzter Art erfordern, um sie hervorzubringen. Unsere Vorstellungen von den Dingen im Allgemeinen werden jedoch wesentlich vereinfacht, wenn wir erkennen, dass dies nicht der Fall ist, sondern dass dieselbe Kraft entgegengesetzte Ergebnisse hervorbringt, wenn sie von entgegengesetzten Polen ausgeht.

Die umgekehrte Anwendung desselben Prinzips, das Freiheit und Macht hervorbringt, ist demnach die Verstrickung, aus der wir uns befreien müssen, bevor wir Macht und Freiheit erlangen können, und dieses Prinzip kommt in dem Gesetz "Wie der Mensch denkt, so ist er" zum Ausdruck. Dies ist das Grundgesetz des menschlichen Geistes. Es ist Descartes "cogito, ergo sum". Wenn wir das

Bewusstsein bis zu seinem Ursprung zurückverfolgen, stellen wir fest, dass es rein subjektiv ist. Unsere äußeren Sinne würden aufhören zu existieren, wenn es nicht das subjektive Bewusstsein gäbe, das wahrnimmt, was sie ihm mitteilen.

Die Vorstellung, die dem subjektiven Bewusstsein vermittelt wird, mag falsch sein, aber bis eine wahrere Vorstellung an ihre Stelle tritt, bleibt sie für den Verstand, der ihr eine objektive Existenz verleiht, eine wesentliche Realität. Ich habe gesehen, wie ein Mann mit dem Stumpf eines Baumes sprach, der im Mondlicht wie ein Mensch aussah, der in einem Garten stand, und ihn immer wieder nach seinem Namen und seinen Wünschen fragte; und soweit es die Vorstellung des Sprechers betraf, enthielt der Garten einen lebenden Menschen, der sich weigerte zu antworten. So lebt jeder Verstand in einer Welt, der er durch seine eigenen Wahrnehmungen eine objektive Realität verleiht. Seine Wahrnehmungen mögen zwar fehlerhaft sein, aber sie sind für den Verstand, der ihnen eine Form gibt, die eigentliche Realität des Lebens. Ein anderes Leben als das, das wir in unserem eigenen Kopf führen, ist nicht möglich. Deshalb hängt der Fortschritt der gesamten Menschheit davon ab, dass wir die Ideen des Guten, der Freiheit und der Ordnung durch ihre Gegensätze ersetzen. Und das kann nur geschehen, wenn es einen ausreichenden Grund gibt, die neue Idee anstelle der alten zu akzeptieren. Für jeden von uns stellen unsere Überzeugungen unsere Tatsachen dar, und diese

Überzeugungen können nur geändert werden, wenn wir einen Grund für eine andere Überzeugung finden.

Das ist kurz gesagt die Begründung für die Maxime "Wie der Mensch denkt, so ist er", und von diesem Prinzip hängen alle Fragen des Lebens ab. Die erste Erkenntnis des Menschen über das Gesetz von Ursache und Wirkung in Bezug auf sein eigenes Verhalten ist, dass das Ergebnis immer die Qualität der Ursache hat; und da er seine Argumente nur aus äußeren Beobachtungen zieht, betrachtet er äußere Handlungen als die einzigen Ursachen, die er wirksam einsetzen kann. Wenn er also genügend moralische Erleuchtung erlangt, um zu erkennen, dass viele seiner Handlungen so waren, dass sie Vergeltung verdienen, fürchtet er die Vergeltung als ihr eigentliches Ergebnis. Aufgrund des Gesetzes, dass "Gedanken Dinge sind", nehmen die Übel, die er fürchtet, Gestalt an und stürzen ihn in widrige Umstände, die ihn wiederum zu weiteren falschen Handlungen veranlassen, aus denen wiederum neue Ängste erwachsen, die sich ihrerseits in neue Übel verwandeln.

Das ist das Gesetz der Werke, der Kreislauf des Karmas, das Rad des Schicksals, aus dem es kein Entrinnen zu geben scheint, weil die vollständige Erfüllung des Gesetzes unserer moralischen Natur nur für den heutigen Tag ausreicht und keinen Überschuss übrig lässt, um das Versagen von gestern auszugleichen. Dies ist das notwendige Gesetz der Dinge, wie sie nur durch äußere Beobachtung erscheinen; und solange diese Vorstellung bestehen bleibt, macht das Gesetz des subjektiven Bewusstseins eines jeden Menschen es für ihn zu einer Realität. Es geht also darum, die Vorstellung zu etablieren, dass äußere Handlungen NICHT die einzige ursächliche Kraft sind, sondern dass es ein anderes Gesetz der Verursachung gibt, nämlich das des reinen Denkens. Dies ist das Gesetz des Glaubens, das Gesetz der Freiheit, denn es macht uns mit einer Kraft bekannt, die eine neue Abfolge von Ursachen in Gang setzen kann, die nicht mit vergangenen Handlungen zusammenhängt.

Diese Veränderung der geistigen Haltung kann jedoch erst dann erfolgen, wenn wir eine Tatsache festhalten, die als Grund für die Veränderung ausreicht. Wir brauchen eine solide Grundlage für unseren Glauben an dieses höhere Gesetz. Letztlich finden wir diesen Grund in der großen Wahrheit der ewigen Beziehung zwischen dem Geist im Allgemeinen und im Besonderen. Wenn wir erkennen, dass es im Grunde nichts anderes als Geist gibt und dass wir selbst in unserer Individualität ein Abbild der Intelligenz und der Liebe sind, die das Universum beherrschen, haben wir den festen Boden erreicht, auf dem wir feststellen, dass wir unsere Gedanken aussenden können, um jede gewünschte Wirkung zu erzielen. Wir haben die Vorstellung von zwei Gegensätzen, die miteinander in Einklang gebracht werden müssen, hinter uns gelassen und sind zu einer Dualität gelangt, in der es keinen anderen Gegensatz gibt als den zwischen dem

Inneren und dem Äußeren ein und derselben Einheit, der Polarität, die allem Sein innewohnt.

In seiner eigenen unabhängigen schöpferischen Kraft hat der Geist den Weg aus dem verhängnisvollen Kreis gefunden, in dem seine frühere Unwissenheit über das höchste Gesetz ihn gefangen gehalten hatte. Die Einheit des Geistes führt zu vollkommener Freiheit; die alte Abfolge des Karmas wurde unterbrochen und eine neue und höhere Ordnung eingeführt. In der alten Ordnung erhielt die Gedankenlinie ihre Qualität von der Qualität der Handlungen, und da diese immer hinter der Vollkommenheit zurückblieben, war die Entwicklung einer höheren Gedankenkraft aus dieser Wurzel unmöglich. Dies ist die Ordnung, in der alles von außen betrachtet wird. Es ist eine umgekehrte Ordnung. Aber in der wahren Ordnung wird alles von innen gesehen.

Es ist der Gedanke, der die Qualität der Handlung bestimmt und nicht umgekehrt, und da der Gedanke frei ist, steht es ihm frei, sich an den höchsten Prinzipien zu orientieren, die sich auf diese Weise spontan in den äußeren Handlungen reproduzieren, so dass sowohl die Gedanken als auch die Handlungen mit den großen ewigen Gesetzen in Einklang gebracht werden und in ihrer Absicht mit dem Universellen Geist eins werden. Der Mensch erkennt, dass er nicht mehr an die Folgen seiner früheren Taten gebunden ist, die er in der Zeit seiner Unwissenheit begangen hat, ja, dass er nie an sie gebunden war, außer insofern, als er ihnen selbst durch falsche Vorstellungen von der Wahrheit diese Macht verliehen hat; Wenn er sich selbst als das erkennt, was er wirklich ist - der Ausdruck des Unendlichen Geistes in der individuellen Persönlichkeit -, stellt er fest, dass er frei ist, dass er ein "Teilhaber der göttlichen Natur" ist, der seine Identität nicht verliert, sondern immer mehr und mehr er selbst wird, mit einer sich ständig erweiternden Vollkommenheit, die einer Entwicklungslinie folgt, deren Möglichkeiten unerschöpflich sind.

Aber nicht alle Menschen haben dieses Wissen. Die meisten sehen Gott immer noch als ein individuelles Wesen außerhalb ihrer selbst an, und was der gelehrtere Mensch als Einheit des Geistes und Identität der Natur ansieht, erscheint dem weniger fortgeschrittenen Menschen als eine äußere Versöhnung zwischen gegensätzlichen Persönlichkeiten. Daher kommt die ganze Bandbreite der Vorstellungen, die man als messianische Idee bezeichnen kann. Diese Idee ist nicht, wie manche zu vermuten scheinen, eine falsche Vorstellung von der Wahrheit des Seins. Im Gegenteil, wenn man sie richtig versteht, wird man feststellen, dass sie das umfassendste Verständnis dieser Wahrheit beinhaltet; und nur auf der Grundlage dieses höchsten Wissens konnte eine Idee entwickelt werden, die so umfassend ist, dass sie sich an jede Geistesklasse anpassen lässt. Es ist die Übersetzung der Beziehungen, die sich aus den tiefsten Gesetzen des Seins ergeben, in Begriffe, die selbst von den Ungebildetsten verstanden werden können; eine Übersetzung, die so geschickt gestaltet ist, dass jede Stufe des Fortschritts in der Spiritualität mit einer entsprechenden Entfaltung der göttlichen Bedeutung einhergeht; Und doch reicht schon das grobe Verständnis des Gedankens aus, um die nötige Grundlage für eine völlige Erneuerung der Gedanken des Menschen über sich selbst zu schaffen und ihm eine Basis zu geben, von der aus er denken kann, dass er nicht länger durch das Gesetz der Vergeltung für vergangene Vergehen gebunden ist, sondern dass er frei ist, dem neuen Gesetz der Freiheit als Kind Gottes zu folgen.

Die Vorstellung des Menschen vom Modus Operandi dieser Emanzipation kann die Form des gröbsten Anthropomorphismus oder der kindischsten Vorstellungen von der Befriedigung der göttlichen Gerechtigkeit durch stellvertretenden Ersatz annehmen, aber das Ergebnis wird dasselbe sein. Und da die Zustände unseres subjektiven Bewusstseins die Realitäten unseres Lebens ausmachen, bedeutet es, ihm einen überzeugenden Grund zu geben, sich frei zu fühlen, und ihn frei zu machen.

Mit zunehmendem Licht mag er feststellen, dass seine erste Erklärung des modus operandi unzureichend war; aber wenn er dieses Stadium erreicht hat, werden ihm weitere Untersuchungen zeigen, dass die große Wahrheit seiner Freiheit auf einem festeren Fundament ruht als die konventionelle Auslegung traditioneller Dogmen und dass sie ihre Wurzeln in den großen Gesetzen der Natur hat, die niemals zweifelhaft sind und die niemals umgestoßen werden können. Und gerade weil ihr ganzes Handeln in den unveränderlichen Gesetzen des Geistes wurzelt, besteht die ständige Notwendigkeit, den Menschen etwas zu präsentieren, das sie als ausreichenden Grund für die Änderung ihrer geistigen Haltung ansehen können, durch die sie allein aus dem verhängnisvollen Kreislauf, der unter dem Symbol der alten Schlange dargestellt wird, gerettet werden können.

Die Hoffnung und Andeutung eines solchen neuen Prinzips bildete die Substanz aller Religionen in allen Zeitaltern, wie sehr sie auch von den unwissenden Anbetern missverstanden wurde. Und was auch immer unsere individuellen Meinungen zu den historischen Fakten des Christentums sein mögen, wir werden feststellen, dass die große Gestalt der befreiten und vervollkommneten Menschheit, die ihren Mittelpunkt bildet, diesen Wunsch aller Nationen erfüllt, indem sie ihr großes Ideal der göttlichen Macht darstellt, die eingreift, um den Menschen zu retten, indem sie mit ihm eins wird. Das ist die Vorstellung, die sich uns bietet, egal ob wir sie im wörtlichen Sinne des Wortes verstehen oder als die ideale Darstellung der tiefsten philosophischen Studie der geistigen Gesetze oder auf welche Art und Weise wir diese beiden Extreme auch immer kombinieren mögen. Der letzte Gedanke, der sich dem Geist einprägt, muss immer derselbe sein: Es gibt eine göttliche Rechtfertigung dafür, dass wir uns als Kinder Gottes und "Teilhaber der göttlichen Natur" fühlen. Und wenn wir erkennen, dass es einen soliden Grund dafür gibt, uns frei zu fühlen, werden wir durch diesen Glauben frei.

Das eigentliche Ergebnis des Studiums der geistigen Gesetze, die das Innere der Dinge ausmachen, ist nicht die Befriedigung einer müßigen Neugierde oder die Erlangung abnormaler Kräfte, sondern die Erlangung unserer geistigen Freiheit, ohne die kein weiterer Fortschritt möglich ist. Wenn wir dieses Ziel erreicht haben, sind die alten Dinge vergangen und alle Dinge sind neu geworden. Die mystischen sieben Tage der alten Schöpfung haben sich erfüllt, und der erste Tag der neuen Woche dämmert uns mit seiner Auferstehung zu einem neuen Leben, das auf höchster Ebene die große Lehre der "Oktave" zum Ausdruck bringt, die die Wissenschaft der alten Tempel durch die Natur verfolgte und die die Wissenschaft von heute unterstützt, obwohl sie ihre höchste Bedeutung nicht kennt.

Wenn wir auf diese Weise frei geworden sind, indem wir unser Einssein mit dem unendlichen Wesen erkannt haben, haben wir das Ende der alten Reihe von Abläufen erreicht und den Ausgangspunkt der neuen erreicht. Es stellt sich heraus, dass die alten Begrenzungen nie existiert haben, außer in unserem eigenen falschen Verständnis der Wahrheit, und eine nach der anderen fällt ab, während wir in ein klareres Licht vordringen. Wir stellen fest, dass der Lebensgeist, den wir suchen, in uns selbst ist; und mit diesem Zentrum wird unsere Beziehung zu allem anderen Teil einer wundersamen, lebendigen

Ordnung, in der jeder Teil in Sympathie mit dem Ganzen und das Ganze in Sympathie mit jedem Teil wirkt, einer Harmonie, die so groß ist wie die Unendlichkeit, und in der es keine Grenzen gibt, außer denen, die durch das Gesetz der Liebe auferlegt werden.

In dieser kurzen Artikelserie habe ich versucht, die wichtigsten Punkte der Beziehung zwischen dem Geist in uns selbst und in unserer Umgebung kurz zu skizzieren. Dieses Thema hat die Intelligenz der Menschheit von der grauen Vorzeit bis zum heutigen Tag beschäftigt, und kein einzelner Denker kann je hoffen, es in seiner ganzen Tragweite zu erfassen. Aber es gibt bestimmte Grundprinzipien, die wir alle begreifen müssen, egal wie sehr wir unsere Studien im Detail spezialisieren, und diese habe ich versucht aufzuzeigen, mit welchem Erfolg der Leser sich seine eigene Meinung bilden muss. Es ist nur eine Frage der Zeit, bis er sich von dieser einen grundlegenden Wahrheit leiten lässt, nämlich dass es nur einen Geist gibt, wie vielfältig seine Erscheinungsformen auch sein mögen, und dass "die Einheit des Geistes das Band des Friedens ist".

II. DIE VERDREHUNG DER WAHRHEIT

Die Erkenntnis, dass es irgendwo eine verborgene Macht gibt, die wir auf die eine oder andere Weise nutzen können, setzt sich von Tag zu Tag mehr durch. Die Vorstellungen zu diesem Thema sind bei der Mehrheit der Menschen noch sehr vage, aber sie nehmen immer konkretere Formen an, und das, was sie bei der Mehrheit der Öffentlichkeit anzunehmen scheinen, ist die Anerkennung der Macht der Suggestion. Ich nehme an, dass niemand von uns bezweifelt, dass es so etwas wie die Macht der Suggestion gibt und dass sie in der Tat sehr große Ergebnisse hervorbringen kann, und dass sie schlechthin eine verborgene Macht ist; sie wirkt hinter den Kulissen, sie wirkt durch das, was wir als Unterbewusstsein kennen, und folglich ist ihre Aktivität nicht sofort erkennbar oder die Quelle, aus der sie kommt. In mancher Hinsicht ist sie nützlich und vorteilhaft, aber in anderer Hinsicht birgt sie auch Gefahren in sich, denn eine solche Kraft kann natürlich sowohl gut als auch schlecht eingesetzt werden.

Diese Anerkennung der Suggestionskraft nimmt in vielen Fällen eine höchst unerwünschte Form an, und ich empfehle dir zur Bestätigung dieser Beobachtung zahlreiche Anzeigen in bestimmten Zeitschriften - viele von euch werden viele Exemplare dieser Art gesehen haben -, in denen gegen eine bestimmte Geldsumme angeboten wird, dass du persönlichen Einfluss, geistige Macht,

Suggestionskraft, wie es in den Anzeigen ganz unverblümt heißt, für jeden gewünschten Zweck bekommst. Einige von ihnen gehen sogar noch weiter ins Detail und nennen dir die besonderen Zwecke, für die du sie einsetzen kannst.

Die Anerkennung der Macht der Suggestion, z. B. als reine Geldmachermacht, ganz zu schweigen von anderen missbräuchlichen Anwendungen, ist also ein Merkmal, das sozusagen von bestimmten Teilen der Öffentlichkeit übernommen wird, die in diesen Dingen keine höhere Ebene erkennen. Es ist bedauerlich, dass das so ist, aber es liegt in der Natur der Sache, dass es unvermeidlich ist. Du hast eine Macht, die positiv und negativ genutzt werden kann, die für höhere und für niedrigere Zwecke eingesetzt werden kann, und folglich wirst du eine Reihe von Menschen finden, die, sobald sie sie in die Hände bekommen, sofort nur an die niedrigeren und nicht an die höheren Ziele denken.

Um das zu untermauern, was ich sage - auch wenn das, wie ich annehme, keineswegs als niedrige Anwendung gedacht ist, sondern wahrscheinlich als hohe Anwendung, aber ich kann nicht sagen, dass ich dem zustimme -, aber um euch zu zeigen, dass ich von tatsächlichen Fakten spreche, lese ich euch eine Notiz aus der Daily Mail vom 20. Januar vor, die einige von euch vielleicht schon gesehen haben. Es handelt sich um einen Artikel mit der Überschrift "Killing by Prayer" (Töten durch Beten), in dem es heißt, dass ein bestimmtes Rundschreiben an die verschiedenen Krankenhäuser und andere Orte, an denen die Vivisektion erforscht wird, verschickt worden ist. In diesem Rundschreiben, das mit den Buchstaben "M. C." unterschrieben ist, sagt der Verfasser, dass er zufällig von einer Person gehört hat, die von Zeit zu Zeit für den Tod eines unserer führenden Vivisektoren betet und dass der angegebene Mann immer gestorben ist. Das hörte M. C. zufällig während eines Gesprächs bei einem Abendessen im Hotel. Wenn er darüber nachdenkt, erzählt M. C., dass er (oder sie) versucht hat, dafür zu beten, dass der Mann, der unschuldigen Versuchspersonen durch seine Experimente am meisten Leid zufügt, beseitigt wird, und die Folge war, dass etwa zwei Wochen später einer unserer bedeutendsten medizinischen Wissenschaftler starb.

Ich weiß nicht, wer der betreffende Wissenschaftler war; ich wage zu behaupten, dass der Name einigen von euch bekannt ist. Das berichtet jedenfalls die Daily Mail, und dort steht auch, dass die Anti-Vivisektions-Gesellschaften dieses Rundschreiben einstimmig verurteilt haben, und das zu Recht. Der Absender des Rundschreibens, wer auch immer er war, dachte offensichtlich, dass er ein sehr gutes Stück Arbeit geleistet hat. Ich selbst bin keineswegs ein Freund der Vivisektion. Ich glaube nicht, dass man die Wahrheit wirklich kennen und trotzdem mit ihr in Kontakt bleiben kann, aber ich stimme mit den Anti-Vivisektions-Gesellschaften überein, wenn sie ein solches Rundschreiben verurteilen. Du siehst, dass es die Annahme gibt, dass Gebet oder geistige Kraft genutzt werden kann, um einen Menschen von der Bühne des Lebens zu entfernen, und M. C. behauptet, dass er das im Fall dieses bestimmten Wissenschaftlers getan hat.

Das bringt uns eine weitere Parallele ins Gedächtnis, fast schon eine historische Parallele, nämlich die von Dr. Anna Kingsford, die vor etwa vierzig Jahren behauptete - natürlich war sie eine entschiedene Gegnerin der Vivisektion -, dass sie durch Gedankenkraft den Tod von Claude Bernard, dem großen französischen Vivisektionsforscher, herbeigeführt habe. Sicherlich starb er zu dem Zeitpunkt, als sie ihre Kräfte ausübte, aber andererseits wurde festgestellt, dass genau zu diesem Zeitpunkt ihr eigener Zusammenbruch begann und nicht mehr aufhörte, bis sie selbst in die andere Welt überging. Du siehst also, dass diese Handlungen wahrscheinlich auf den Absender zurückfallen, selbst wenn sie erfolgreich sind.

In diesen beiden Fällen war das Ziel nicht gering, sondern sollte der Menschheit und der stummen Schöpfung zugute kommen. Aber das heiligt nicht die Mittel. Die Maxime "Der Zweck heiligt die Mittel" ist die größte Verdrehung der Wahrheit, erst recht, wenn diese verborgene Macht, die Macht der Suggestion, dazu benutzt wird, jemanden aus einem persönlicheren Motiv heraus zu verletzen als in diesen Fällen, die ich angeführt habe. Je niedriger das Motiv ist, desto niedriger ist auch die Handlung, und es ist ein großer Fehler anzunehmen, dass der Einsatz geistiger Mittel etwas an der Art der Handlung ändert.

Es war manchmal meine schmerzliche Pflicht, Menschen wegen Mordes zum Tode zu verurteilen, und deshalb behaupte ich, dass ich sehr gut weiß, was Mord von den Fällen unterscheidet, in denen Leben genommen wird, die nicht als Mord gelten; und aufgrund meiner langjährigen juristischen Erfahrung und der Verhandlung zahlreicher Fälle, bei denen es um die Frage ging, ob die Todesstrafe verhängt werden sollte oder nicht, zögere ich nicht zu sagen, dass die Tötung durch geistige Mittel genauso ein Mord ist wie die Tötung durch Gift oder Dolch. Aus juristischer Sicht hätte ich nicht die geringsten Bedenken, jemanden zu hängen, der einen Mord durch psychische Suggestion begangen hat. Ein psychologisches Verbrechen ist genauso ein Verbrechen; möglicherweise ist es sogar ein tiefer gefärbtes Verbrechen, weil es mit einem größeren Wissen einhergeht. Ich sage, dass der psychologische Verbrecher schlimmer ist als der gewöhnliche Verbrecher.

Eine der Lehren des Meisters bezieht sich genau auf diesen Punkt. Ich verweise dich auf das Wunder mit dem Feigenbaum. Ihr wisst, dass er seine Macht gezeigt hat, nicht einen Menschen zu töten, nicht einmal ein Tier, sondern einen Baum. Und als die Jünger zu ihm sagten: "Seht, wie dieser Baum, den ihr verflucht habt, verdorrt ist", antwortete er: "Nun, ihr könnt genau dasselbe tun", und fuhr fort: "Nichts soll euch unmöglich sein. Wenn ihr also Feigenbäume töten könnt, könnt ihr auch Menschen töten, aber "wenn ihr etwas gegen jemanden habt, dann vergebt", damit euer himmlischer Vater euch vergibt.

Er sagt damit: Jetzt, wo du gesehen hast, dass diese verborgene Macht zur Zerstörung von Leben eingesetzt werden kann, solltest du sie auf eigene Gefahr nicht als göttliche Macht einsetzen. Benutzt sie mit einem Gebet zu Gott und mit der Vergebung aller, gegen die ihr irgendeinen Groll hegt, und wenn ihr sie immer auf diese Weise benutzt, wie es der Meister gesagt hat, dann kann niemand sie benutzen, um einen anderen zu verletzen, weder an Geist, Körper noch an Vermögen.

Vielleicht sind einige von euch geneigt zu lächeln, wenn ich das Wort "Zauberei" verwende, aber heutzutage ist es unter dem einen oder anderen Namen, ob wissenschaftlich oder halbwissenschaftlich, nichts anderes als die Zauberei der alten Welt, die als verborgene Macht versucht, ihren Weg zu uns zu finden. Zauberei ist der umgekehrte Gebrauch von spiritueller Macht. So lautet die Definition, und ich spreche aus Überzeugung. Ich verweise dich auf die Bibel, in der die Zauberei an prominenter Stelle auf der Liste der Dinge steht, die vom himmlischen Jerusalem ausgeschlossen sind; das himmlische Jerusalem ist nicht eine Stadt an diesem oder jenem Ort, sondern der vollkommene Zustand des Menschen. Wenn du also Zauberei anwendest, kannst du diesen himmlischen Zustand nicht erreichen.

Aus diesem Grund finden wir in der Offenbarung die wunderbare Beschreibung von zwei symbolischen

Frauen, die zwei Arten der individuellen Seele darstellen. Natürlich gehen sie noch weiter, sie stehen für nationale Dinge, die Evolution der Menschheit und so weiter. Warum? Weil alle nationalen Bewegungen, alle Entwicklungen der Menschheit, ihre Wurzel in der Entwicklung des Einzelnen haben. Eine Nation oder eine Rasse ist nur eine Ansammlung von Individuen, und wenn sich ein Prinzip einmal von einem Individuum auf ein anderes überträgt, überträgt es sich auf die Nation, auf die Menschheit. Diese beiden symbolischen Frauen stehen also in erster Linie für zwei Arten der Seele, zwei Arten des Denkens. Du kennst die Beschreibung der beiden Frauen sehr gut. Die eine, die mit der Sonne bekleidet ist, steht mit dem Mond unter ihren Füßen und hat ein Diadem aus Sternen um ihr Haupt; die andere sitzt auf einem irdischen Thron und hält einen goldenen Becher, der voll von Gräueln ist. Das sind die beiden Frauen, und wir wissen, dass eine von ihnen in der Heiligen Schrift Babylon genannt wird, und wir wissen, welche das ist. Eines der Kennzeichen dieser Frau - wohlgemerkt der Klasse der Individualität - ist das Zeichen der Zauberei, das Zeichen des verkehrten Gebrauchs der geistigen und mentalen Kräfte.

Aber was ist das Ziel? Das Ende ist, dass dieses Babylon zur Behausung des Teufels wird, zum Hort - oder, wie es im griechischen Original heißt, zum Gefängnis des Bösen, eines unreinen Geistes, zum Käfig eines jeden unreinen Vogels. Das ist die Entwicklung, die in jedem

Menschen stattfindet, der sich aufmacht, diese geistige Kraft zu missbrauchen. Der Missbrauch kann ganz klein anfangen, er kann so aussehen, wie er in einer bestimmten Schule gelehrt wird, die es angeblich in London gibt und in der Verkäufer im Gebrauch der magnetischen Kraft ausgebildet werden, um unwissende Käufer zu ködern oder zu zwingen, etwas zu kaufen, was sie nicht wollen. Ich habe gehört, dass es eine solche Schule gibt, aber ich kann dir keine Quelle nennen. Das ist eine Bagatelle. Ich gehe in einen Laden und gebe zwei oder drei Schillinge aus, um etwas zu kaufen, das ich zu Hause als völlig nutzlos empfinde, und frage mich: "Wie um Himmels willen bin ich dazu gekommen, diesen Müll zu kaufen?" Nun, ich muss dazu hypnotisiert worden sein. Für mich macht das keinen großen Unterschied, aber für den jungen Mann oder die junge Frau, der/die mich hypnotisiert hat, ist es ein großer Unterschied, denn es ist der erste Schritt auf dem Weg nach unten. Es mag sich nur um einen Sixpence handeln, aber er führt Schritt für Schritt weiter, und wenn dieser Weg nicht zurückverfolgt wird, ist das endgültige Ende das von Babylon. Deshalb sagt Johannes: "Ich hörte eine Stimme aus dem Himmel, die sagte: 'Kommt heraus, mein Volk, aus ihr'" - und zwar aus Babylon - "kommt heraus, mein Volk, aus ihr" - das heißt aus dieser verkehrten Art, geistliche Macht zu gebrauchen - "kommt heraus, mein Volk, aus ihr, damit ihr keine Gemeinschaft mit ihren Sünden habt und nicht von ihrer Plage ergriffen werdet." Vor diesem verkehrten Gebrauch der verborgenen Macht warne ich jeden Menschen vom ersten Tag an, an dem er erkennt, dass es so etwas wie geistige oder spirituelle Macht gibt, die auf andere Menschen ausgeübt werden kann.

Sollen wir uns deshalb ständig davor fürchten, unter bösartigem Magnetismus zu leiden, weil wir befürchten, dass irgendein Feind hier oder irgendein Feind dort diese verborgene Macht gegen uns einsetzt? Wenn ja, sollten wir ständig in Angst leben. Nein, ich glaube nicht, dass es für uns den geringsten Grund gibt, auf diese Weise in Angst zu leben. Zunächst einmal gibt es vergleichsweise wenige, die das Gesetz der Suggestion gut genug kennen, um es affirmativ oder negativ anzuwenden, und von denen, die es gut genug kennen, um es zu nutzen, bin ich überzeugt, dass die meisten es nur in aller Freundlichkeit und zum Wohle der betreffenden Person einsetzen wollen. Ich bin davon überzeugt, dass neun Zehntel oder vielleicht sogar neunundneunzig Hundertstel der Schüler/innen in diesem Fach so denken. Sie wollen Gutes tun und betrachten den Einsatz ihrer geistigen Kräfte als ein zusätzliches Mittel, um Gutes zu tun. Aber die menschliche Natur ist nun mal die menschliche Natur, und es bleibt eine kleine Minderheit, die in der Lage und willens ist, diese verborgene Kraft für ihre eigenen Zwecke zu missbrauchen.

Wie sollen wir nun mit dieser Minderheit umgehen? Die Antwort ist einfach. Sieh sie in ihrem wahren Licht, sieh sie als das, was sie wirklich sind, nämlich Menschen, die die wahre geistige Macht nicht kennen. Sie denken, sie hätten sie, aber sie haben sie nicht. Das ist es, was es ist. Sieh sie in ihrem wahren Licht und ihre Macht wird von ihnen abfallen. Die wahre und ultimative Macht ist die der Bejahung; das Negative ist zerstörerisch, das Bejahende ist konstruktiv. Der negative Gebrauch der verborgenen Macht muss also durch den Gebrauch der bejahenden, konstruktiven Macht zerstört werden. Die bejahende Kraft zerstört das Negative immer auf eine Art und Weise, und zwar nicht, indem sie es angreift, nicht, indem sie wie ein Elefant im Porzellanladen darauf losgeht, sondern indem sie das Leben aufbaut. Es ist immer eine aufbauende Kraft - es baut, baut, baut Leben und noch mehr Leben auf, und wenn dieses Leben hereinkommt, verschwindet das Negative zwangsläufig.

Die ultimative positive Position ist die der bewussten Vereinigung mit der Quelle des Lebens. Wenn du das erkennst, brauchst du dich nicht mehr um irgendwelche negativen Handlungen zu kümmern. Suche die bewusste Verbindung mit dem Letzten, der ersten Ursache, die der Ausgangspunkt aller Dinge ist, ob im Universum oder in dir selbst. Dieser Ausgangspunkt ist immer gegenwärtig; er ist gestern, heute und für immer derselbe, und du bist die Welt und das Universum im Kleinen, und er ist immer da und wirkt in dir, wenn du ihn erkennen willst. Erinnere dich an die Gegenseitigkeit zwischen dir und dieser verborgenen Kraft. Die Kraft der Suggestion ist eine verborgene Kraft, aber die Kraft, die alle Dinge erschafft, ist die verborgene Kraft, die hinter allen

Dingen steht. Erkenne jetzt, dass sie in dir selbst ist, und du brauchst dich nicht mehr um das Negative zu kümmern. Das ist die biblische Lehre über Christus; und diese Lehre soll die bewusste persönliche Vereinigung mit dem göttlichen, alles schaffenden Geist als eine gegenwärtige, lebendige Kraft bewirken, die Tag für Tag genutzt werden kann.

Die Bibel sagt uns, dass es so etwas wie das Geheimnis der Ungerechtigkeit gibt, d.h. das Geheimnis der geistlichen Macht, die vom teuflischen Standpunkt aus umgekehrt eingesetzt wird. Sie sagt uns, dass es in der unsichtbaren Welt Mächte und Fürstentümer gibt, die genau dieselben Methoden in einem enormen Ausmaß anwenden; denn eines darfst du nicht vergessen: In keinem Teil des Universums wird jemals von der universellen Regel des Gesetzes abgewichen; was auf Erden Gesetz ist, ist auch Gesetz im Himmel, Gesetz in der Hölle, Gesetz im Unsichtbaren und Gesetz im Sichtbaren; das ändert sich nie. Was von irgendeiner geistigen Macht getan wird, egal ob es sich um eine geistige Macht des Bösen oder des Guten handelt, geschieht durch die geistige Verfassung, die du hast. Keine Macht verändert das Gesetz deines eigenen Geistes, aber eine Macht, die das Gesetz deines Geistes kennt, kann es nutzen.

Deshalb ist es so wichtig, dass du das Gesetz deines eigenen Geistes kennst und dir bewusst machst, dass er immer wieder für Suggestionen zugänglich ist. Das Wichtigste ist also, dass du einen Standard für grundlegende, unveränderliche und ausreichende Suggestionen bekommst, auf den du immer zurückgreifen kannst und der sich automatisch so tief in dein Unterbewusstsein einprägt, dass keine Gegensuggestion jemals seinen Platz einnehmen kann; und das ist das Geheimnis von Christus, dem Sohn Gottes. Das ist der Grund, warum wir vom Geheimnis Christi, dem Geheimnis der Frömmigkeit im Gegensatz zum Geheimnis der Ungerechtigkeit, sprechen. Weil sowohl das Geheimnis des Göttlichen als auch das Geheimnis des Teuflischen durch dich wirken wollen, und sie können nur durch das Gesetz deiner eigenen geistigen Verfassung wirken, d.h. durch das Gesetz des Unterbewusstseins, das auf dein Bewusstsein und deinen Körper und damit auf deine Umstände wirkt und zurückwirkt.

Das Geheimnis Christi ist keine bloße kirchliche Erfindung. Die Menschen haben es verzerrt und unklar gemacht, indem sie versuchten zu erklären, was damals nicht richtig bekannt war, weil das, was heute über die Gesetze des Geistes bekannt ist, damals unbekannt war. Aber jetzt, wo dieses Licht gekommen ist, beginnen wir zu sehen, dass die biblische Lehre über Christus eine große und tiefe Bedeutung hat, und aus diesen Gründen sagte Paulus zu den Korinthern: "Kleine Kinder, um die ich wieder Geburtswehen habe, bis Christus in euch gebildet ist." Deshalb spricht er von "Christus in euch, der Hoffnung der Herrlichkeit", d.h. die Christus-Empfindung, die Verwirklichung des Christus-Prinzips, wic es sich in der

Christus-Person zeigt, bringt dich in Kontakt mit dem persönlichen Element im Universellen Geist, dem göttlichen schöpferischen, ersten bewegenden Geist des Universums.

Wenn du dies als grundlegende Tatsache erkennst, wird es deinem Unterbewusstsein ständig eingeprägt, auch wenn du nicht daran denkst, denn das Unterbewusstsein nimmt Dinge auf, die du im Moment nicht bewusst wahrnimmst, und argumentiert auf seine eigene, deduktive Art und Weise. Die Verwirklichung der großen Verheißung der Erlösung, die das Rückgrat der Bibel vom ersten Kapitel der Genesis bis zum letzten Kapitel der Offenbarung ist, folgt also einem wissenschaftlichen Gesetz. Es ist kein Hokuspokus, es ist keine Sache, die auf diese Weise angeordnet wurde und genauso gut auf eine andere Weise hätte angeordnet werden können; es ist nicht so, weil irgendeine willkürliche Autorität es befohlen hat, und die Autorität hätte es genauso gut auf eine andere Weise befehlen können.

Nein, es ist so, weil du, je mehr du es untersuchst, feststellen wirst, dass es absolut wissenschaftlich ist; es basiert auf der natürlichen Konstitution des menschlichen Geistes. Und deshalb ist "Christus", wie er in der Bibel dargestellt wird - sei es in der alttestamentlichen Symbolik oder in der neutestamentlichen Persönlichkeit - "die Erfüllung des Gesetzes", in dem Sinne, dass er das, was der ganzen Menschheit gemeinsam ist, in höchstem Maße spezialisiert. Je mehr wir uns dessen bewusst werden und je mehr wir uns darauf spezialisieren, desto mehr steigen wir zu einer immer höheren Verbindung und einem immer stärkeren Bewusstsein der wechselseitigen Identität und des wechselseitigen Lebens mit der universellen Macht auf, was uns über jede Möglichkeit erhebt, von irgendeiner Art böser Suggestion berührt zu werden.

Wenn also jemand uns gegenüber so böswillig ist und so wenig von der spirituellen Wahrheit versteht, dass er versucht, die Macht der böswilligen Suggestion gegen uns einzusetzen, dann tut mir derjenige leid, der das versucht. Es wird ihm nichts nützen, denn er schießt Erbsen aus einem Erbsenschießer gegen ein eisengepanzertes Kriegsschiff. Das ist es, worauf es hinausläuft; aber für ihn selbst ist es etwas mehr. Es ist ein wahres Sprichwort: "Der Fluch kehrt nach Hause zurück, um sich zu rächen. Ich denke, wenn wir diese Dinge studieren und bedenken, dass es einen Grund dafür gibt, brauchen wir uns nicht im Geringsten vor negativer Suggestion oder bösartigem Magnetismus zu fürchten, davor, unter die Macht anderer zu geraten, auf irgendeine Art und Weise übervorteilt zu werden, um unser Eigentum gebracht zu werden, in unserer Gesundheit verletzt zu werden oder in unseren Lebensumständen Schaden zu nehmen und so weiter.

Wenn du dich für solche Dinge öffnest, wirst du sie natürlich bekommen. "Klopft an, und es wird euch aufgetan." Deshalb heißt es in der Bibel: "Wer eine Hecke durchbricht, den beißt eine Schlange." Das ist die Schlange, von der einige von uns etwas wissen, das ist unser alter Feind Nahash. Einige von euch sind auf jeden Fall in den inneren Wissenschaften ausreichend geschult, um die Schlange Nahash zu kennen. Zerbrich die Hecke, d.h. die bewusste Kontrolle deines eigenen Verstandes und vor allem die Hecke der göttlichen Liebe und Weisheit, mit der Gott selbst dich in der Persönlichkeit seines Sohnes umgibt, zerbrich diese Hecke und natürlich kommt Nahash herein. Aber wenn du deine Hecke bewahrst - und erinnere dich daran, dass die alte hebräische Tradition das göttliche Gesetz immer als "die Hecke" bezeichnete - wenn du deine Hecke unversehrt hältst, kann nichts herein kommen, außer durch die Tür. Christus sagte: "Ich bin die Tür; wer durch mich eingeht, wird gerettet."

Ich habe von den zwei großen Geheimnissen gesprochen, dem Geheimnis der Gottseligkeit und dem Geheimnis der Ungerechtigkeit, dem Geheimnis Christi und dem Geheimnis des Antichristen. Es ist aber nicht notwendig, dass du diese Geheimnisse vollständig verstehst, um in die richtige Position zu kommen. Wenn es notwendig wäre, diese Geheimnisse vollständig zu verstehen, um entweder von dem einen oder dem anderen wegzukommen, hätten wir wohl alle unheimlich schlechte Chancen. Ich jedenfalls schon. Ich kann diese Dinge nur am Rande berühren, aber wir können das Prinzip der Bejahung und das Prinzip der Verneinung erkennen, das beiden zugrunde liegt; das eine ist das Geheimnis des Lichts, das andere das Geheimnis der Dunkelheit.

Ich sage nicht, dass du diese Geheimnisse nicht studieren sollst; sie sind genau das, was wir studieren sollten, aber glaube nicht, dass du in einem Zustand der Gefahr bleibst, bis du das Geheimnis vollständig ergründet hast. Nicht ein bisschen davon. Du kannst durchaus auf die richtige Seite gelangen, ohne das Ganze zu verstehen, genau wie du mit einer Eisenbahn fährst, ohne den Mechanismus der Lokomotive zu verstehen, die dich mitnimmt.

Wir haben also diese beiden Geheimnisse, das des Lichts und das der Dunkelheit, und deshalb müssen wir unseren Willen trainieren, um das Geheimnis des Lichts zu empfangen, und dann wird es sich ein Zentrum in unserem eigenen Herzen und Wesen bilden, und du wirst dir dieses Zentrums bewusst werden. Ob du es verstehst oder nicht, du wirst dir dessen bewusst - und dann kannst du von diesem Zentrum aus, dem Zentrum des Lichts in dir, alles in deinem Leben in Angriff nehmen, egal ob spirituell oder weltlich. Du musst nicht weiter zurückgehen; du musst nicht das Warum und Wozu dieser Dinge analysieren, um deinen Ausgangspunkt zu finden. Es mag dich später interessieren, es mag dich später stärken, dies zu tun, aber für einen praktischen Ausgangspunkt musst du die göttliche Gegenwart in dir erkennen, die der in dir manifestierte Sohn Gottes ist, das heißt das göttliche Prinzip der Persönlichkeit, das in dir spricht.

Wenn du dies als dein Zentrum erkannt hast, trägst du die alles bejahende Kraft bei allem, was du tust und bist,

Tag und Nacht bei dir, sie wird dich beschützen, dich leiten und dir helfen. Und wenn du das willst, kannst du dich bewusst an sie wenden und sie wird dir helfen. Weil du sie als Ausgangspunkt nimmst, wird sie sich in all deinen Lebensumständen manifestieren, denn es ist ein ganz einfaches Gesetz der Logik, dass das, womit du anfängst, sich in der ganzen Folge manifestiert. Wenn du mit der Farbe Rot beginnst, kannst du alle möglichen Veränderungen vornehmen und Orange, Violett und Braun hervorbringen, aber die rote Basis wird sich auf der ganzen Farbskala zeigen, und wenn du mit einer blauen Basis beginnst, wird sich Blau auf der ganzen Skala der verschiedenen Farben zeigen.

Wenn du also mit der bejahenden Basis beginnst, dem einzigen Ausgangspunkt des göttlichen Geistes, und ihn nicht den Bach hinunter, sondern zum Quellkopf führst, wird das bejahende Lebensprinzip überall hinfließen und seine Qualität bis in deine Fingerspitzen und darüber hinaus in alle deine Lebensumstände hinein zeigen. So wird die göttliche Gegenwart ständig bei dir sein, und zwar nicht, weil du dich dieser oder jener Kirche angeschlossen hast oder dieser oder jener Idee oder jenem Lehrer gefolgt bist, sondern weil du die Wahrheit selbst kennst und sie als lebendige Erfahrung in deinem eigenen Geist und in deinem eigenen Herzen verwirklicht hast.

Jeder, der dies erkennt, entspricht der biblischen Beschreibung eines wahren Israeliten. Das Wort "Israelit" in der Bibel ist ein sehr symbolträchtiges Wort, das eine immense Bedeutung mit sich bringt. Wenn ihr also erkennt, dass jeder von euch ein echter Israelit ist, dann könnt ihr euch mit der ewigen Aussage anfreunden, die heute noch genauso wahr ist wie an dem Tag, an dem sie ausgesprochen wurde: "Es gibt keine Prophezeiung oder Verwünschung gegen Israel."

1909.

III. DAS "ICH BIN"

Oft erkennen wir die Wahrheit von Walt Whitmans markigem Ausspruch "Ich bin nicht alles zwischen meinem Hut und meinen Stiefeln" nicht ausreichend an und vergessen die zweifache Natur des "ICH BIN", dass es gleichzeitig das Manifestierte und das Unmanifestierte, das Universelle und das Individuelle ist. Wenn wir diese Wahrheit aus den Augen verlieren, umgeben wir uns mit Begrenzungen; wir sehen nur einen Teil des Selbst und sind dann überrascht, dass der Teil die Arbeit des Ganzen nicht leisten kann. Es tauchen Faktoren auf, mit denen wir nicht gerechnet haben, und wir fragen uns, woher sie kommen, und verstehen nicht, dass sie notwendigerweise aus der großen Einheit stammen, in der wir alle enthalten sind.

Es ist die große Intelligenz und Lebendigkeit des universellen Geistes, die ständig darauf drängt, sich in einer glorreichen Menschheit zu manifestieren.

Dies muss dadurch geschehen, dass jeder Einzelne seine Macht erkennt, mit dem Höchsten Prinzip zusammenzuarbeiten, indem er eine intelligente Vorstellung von dessen Zweck und den Naturgesetzen hat, durch die dieser Zweck erreicht wird - eine Erkenntnis, die nur aus der Erkenntnis erwachsen kann, dass er selbst nichts anderes ist als dasselbe Universelle Prinzip in einer bestimmten Manifestation.

Wenn er dies erkennt, sieht er, dass Walt Whitmans Ausspruch wahr ist und dass die Quelle seiner Intelligenz, seiner Kraft und seines Ziels in diesem Universellen Selbst liegt, das ihm genauso gehört wie anderen, weil es universell ist, und das deshalb so vollständig und vollkommen mit ihm selbst identifiziert ist, als gäbe es keinen anderen Ausdruck davon in der Welt. Das Verständnis, das allein dem Wissen einen Wert verleiht, ist das Verständnis, dass das "ICH BIN", mit dem die Reihe beginnt, ein Wesen ist, das sozusagen mit dem Kopf im Himmel und mit den Füßen auf der Erde steht, eine vollkommene Einheit und mit einem Ideenreichtum, der weit über die kleinen Ideen hinausgeht, die durch die Erfordernisse eines Tages oder einer Stunde begrenzt sind, wenn wir die Formel "Ich bin, also kann ich, also werde ich" verwenden. Andererseits sind die Erfordernisse des Tages und der Stunde real, solange sie andauern, und da das manifestierte Leben nur in dem Moment gelebt werden kann, der jetzt ist, sei es heute oder in zehntausend Jahren, ist es unser Bedürfnis, das Leben des Ausdrucks mit dem Leben des Zwecks in Einklang zu bringen und dadurch, dass wir in uns die Quelle der höchsten Ziele erkennen, auch das Leben des vollsten Ausdrucks zu verwirklichen.

Das ist der Sinn des Gebets. Das Gebet ist kein törichter Versuch, die Gedanken der Höchsten Weisheit zu ändern, sondern ein intelligenter Versuch, diese Weisheit in unseren Gedanken zu verkörpern, um sie immer vollkommener in unserem Ausdruck zum Ausdruck zu bringen. Wenn wir uns also allmählich angewöhnen, diese inspirierende Gegenwart in uns selbst zu finden und ihre Vorwärtsbewegung als den entscheidenden Faktor für alle wirklich gesunden geistigen Handlungen zu erkennen, wird es uns zur zweiten Natur werden, dass alle unsere Pläne, bis hin zu den scheinbar trivialsten, von der Unterströmung dieser universellen Intelligenz getragen werden, so dass eine große Harmonie in unser Leben kommt, jede unharmonische Äußerung verschwindet und wir alle Dinge mehr und mehr in die von uns gewünschten Formen lenken.

Warum? Weil wir es geschafft haben, dem Geist zu befehlen und ihn dazu zu bringen, uns zu gehorchen? Sicherlich nicht, denn "wenn der Blinde den Blinden führt, werden beide in den Graben stürzen"; sondern weil wir Gefährten des Geistes sind und durch eine ständige und wachsende Vertrautheit nicht "die Gedanken des Geistes", sondern unsere eigenen verändert haben und gelernt haben, von einem höheren Standpunkt aus zu denken, wo wir erkennen, dass das althergebrachte Sprichwort "Erkenne dich selbst" das Wissen um alles einschließt, was wir meinen, wenn wir von Gott sprechen.

ICH BIN EINS

Das mag ein sehr elementarer Satz sein, aber wir neigen dazu, ihn aus den Augen zu verlieren. Was bedeutet er? Er bedeutet alles, aber uns geht es vor allem darum, was er für uns selbst bedeutet, und für jeden von uns persönlich bedeutet er dies. Es bedeutet, dass es nicht zwei Geister gibt, einen, der ich bin, und einen, der ein anderer ist. Es bedeutet, dass es nicht irgendeine große, unbekannte Macht außerhalb von mir gibt, die vielleicht von völlig anderen Motiven als den meinen angetrieben wird und die sich mir deshalb mit ihrer unwiderstehlichen Kraft entgegenstellt und mich überrollt, so dass ich zermalmt und zerbrochen werde wie der Gläubige, über den der Wagen von Jaggarnath gerollt ist. Es bedeutet, dass es nur einen Verstand, ein Motiv, eine Kraft gibt - nicht zwei, die einander entgegenstehen - und dass mein bewusster Verstand in all seinen Bewegungen nur der eine Verstand ist, der sich als (und nicht nur durch) meine eigene besondere Individualität ausdrückt.

Es gibt nicht zwei ICH-AMS, sondern ein ICH bin. Was immer ich also als das Große Universelle Lebensprinzip begreifen kann, das bin ich. Versuchen wir, uns klar zu machen, was das bedeutet. Kannst du dir das Große Ursprüngliche und Erhaltende Lebensprinzip des gesamten Universums als arm, schwach, erbärmlich, elend, eifersüchtig, zornig, ängstlich, unsicher oder in irgendeiner anderen Weise begrenzt vorstellen? Wir wissen, dass das unmöglich ist. Und weil das ICH BIN eins ist, ist es auch nicht wahr für uns selbst. Lerne zuerst, das wahre Selbst, das du bist, von den mentalen und physischen Prozessen zu unterscheiden, die es als Instrumente seines Ausdrucks hervorbringt, und lerne dann, dass dicses Selbst diese

Instrumente kontrolliert und nicht umgekehrt. Je weiter wir in diesem Wissen fortschreiten, desto mehr erkennen wir, dass wir unbegrenzt sind und dass wir in der Miniaturwelt, deren Zentrum wir sind, dasselbe Übermaß an freudiger Lebendigkeit sind, das der Große Lebensgeist im Großen Ganzen ist. Das ICH BIN ist Eins.

IV. AFFIRMATIVE KRAFT

Die wahre Natur der bejahenden Kraft zu erkennen, bedeutet, den Schlüssel zum großen Geheimnis zu besitzen. Wir spüren ihre Präsenz in all den unzähligen Lebensformen, von denen wir umgeben sind, und wir spüren sie als das Leben in uns selbst; und schließlich bricht eines Tages die Wahrheit wie eine Offenbarung über uns herein, dass wir diese Kraft, dieses Leben, durch den Prozess des Denkens beherrschen können. Und sobald wir das erkennen, dämmert uns, wie wichtig es ist, unser Denken zu regulieren. Wenn wir uns fragen, was dieser Denkprozess ist, stellen wir fest, dass er darin besteht, positive Kraft in Formen zu denken, die das Produkt unserer eigenen Gedanken sind. Wir denken uns die Form aus und denken dann Leben in sie hinein.

So muss der schöpferische Prozess immer ablaufen, egal ob im großen Maßstab des universellen kosmischen Verstandes oder im kleinen Maßstab des individuellen Verstandes; der Unterschied liegt nur im Grad und nicht in der Art. Wir können uns die mentale Maschinerie, mit der dies geschieht, so vorstellen, wie es unserem Intellekt am besten gefällt - und die Befriedigung des Intellekts in diesem Punkt ist ein mächtiger Faktor, der uns das Vertrauen in unser mentales Handeln gibt, ohne das wir nichts bewirken können -, aber die tatsächliche Externalisierung ist das Ergebnis von etwas, das mächtiger ist als eine rein intellektuelle Vorstellung. Sie ist das Ergebnis des inneren Geisteszustands, den wir in Ermangelung eines besseren Wortes als unsere emotionale Vorstellung von uns selbst bezeichnen können. Es ist das "Selbst", für das wir uns halten und das Formen annimmt, die wir selbst geschaffen haben. Aus diesem Grund muss unser Denken so auf Wissen basieren, dass wir die Wahrheit davon spüren und so in der Lage sind, in uns die mentale Gefühlshaltung zu erzeugen, die dem Zustand entspricht, den wir nach außen tragen wollen.

Wir können uns kein anderes Leben vorstellen, als das, das wir in uns selbst verwirklichen. Wie Horaz sagt: "Nemo dat quod non habet", wir können nicht geben, was wir nicht haben. Andererseits können wir nie aufhören, durch unsere geistige Aktivität Formen zu schaffen und ihnen Leben einzuhauchen. Dieser Punkt muss sehr sorgfältig beachtet werden. Wir können nicht stillsitzen und nichts produzieren: Die geistige Maschinerie wird immer irgendeine Art von Arbeit hervorbringen, und es liegt an uns, zu bestimmen, welche Art von Arbeit das sein soll. In völliger Unkenntnis oder unvollkommener Einsicht erschaffen wir negative Formen und denken uns Leben in sie hinein. Wir erschaffen Formen des Todes, der Krankheit, des Kummers, des Ärgers und der Begrenzungen aller Art und denken dann, dass diese Formen lebendig sind. Das Ergebnis ist, dass sie, auch wenn sie an sich nicht existieren, für uns zur Realität werden und ihren Schatten auf den Weg werfen, der sonst durch die farbenfrohe Schönheit unzähliger Blumen und den Glanz des Sonnenscheins erhellt wäre.

Das muss nicht sein. Es gibt dem Negativen eine bejahende Kraft, die ihm nicht zusteht. Überlege, was mit dem Negativen gemeint ist. Es ist die Abwesenheit von etwas. Es ist das Nicht-Sein und die Abwesenheit von allem, was das Sein ausmacht. Wenn wir es sich selbst überlassen, bleibt es in seinem eigenen Nichts, und es nimmt nur dann Form und Aktivität an, wenn wir ihm diese durch unsere Gedanken geben.

Hier liegt also der Hauptgrund dafür, dass wir unsere Gedanken kontrollieren müssen. Es ist das einzige Instrument, mit dem wir arbeiten können, aber es ist ein Instrument, das mit größter Sicherheit zur Begrenzung beiträgt, wenn wir an Begrenzung denken, und zur Vergrößerung, wenn wir an Vergrößerung denken. Unser Gedanke als Gefühl ist der Magnet, der die Bedingungen zu uns zieht, die genau mit ihm übereinstimmen. Das ist die Bedeutung des Sprichworts, dass "Gedanken Dinge sind". Aber, sagst du, wie kann ich anders denken als die Umstände? Sicherlich musst du nicht sagen, dass die Umstände in diesem Moment etwas sind, was sie nicht sind; das zu sagen, wäre unwahr; aber es geht darum, überhaupt nicht vom Standpunkt der Umstände aus zu denken. Denke von dem inneren Standpunkt aus, an dem es keine Umstände gibt und von dem aus du diktieren kannst, wie die Umstände sein sollen, und überlasse es dann den Umständen, für sich selbst zu sorgen.

Denke nicht an dieses, jenes oder die anderen besonderen Umstände von Gesundheit, Frieden usw., sondern an Gesundheit, Frieden und Wohlstand selbst. Hier ist eine Anzeige aus Pearson's Weekly: - "Denk an Geld. Große Geldmacher denken an Geld." Das ist eine sehr gute Aussage über die Macht der Gedanken, auch wenn es sich nur um eine Anzeige handelt. Wir können an das "Leben" in seiner ganzen Fülle denken, zusammen mit der vollkommenen Harmonie der Bedingungen, die alles umfasst, was wir an Geld brauchen, und darüber hinaus noch tausend andere gute Dinge, für die das Geld als Symbol des austauschbaren Wertes steht, während andere nicht mit einem so materiellen Maßstab bewertet werden können.

Denke daher an das Leben, die Erleuchtung, die Harmonie, den Wohlstand, das Glück - denke eher an die Dinge als an diesen oder jenen Zustand. Und dann werden sich diese Dinge durch das sichere Wirken des universellen Gesetzes in die für dich am besten geeignete Form bringen und als aktive, lebendige Kräfte in dein Leben treten, die dich niemals verlassen werden, weil du sie als Teil deines eigenen Wesens erkennst.

V. UNTERWERFUNG

Es gibt zwei Arten der Unterwerfung: Unterwerfung unter eine höhere Macht und Unterwerfung unter eine höhere Wahrheit. Das eine ist Schwäche, das andere ist Stärke. Es ist ein äußerst wichtiger Teil unserer Ausbildung, zwischen diesen beiden zu unterscheiden, und zwar umso mehr, als die falsche Art von fast allen Schulen der religiösen Volkslehre heutzutage als die höchste Stufe menschlicher Errungenschaften gepriesen wird. Manche gehen sogar so weit, sie zu einem Instrument der Unterdrückung zu machen, und bei allen ist sie eine Quelle der Schwäche und ein Hindernis für den Fortschritt. Es wird uns verboten, die so genannten weisen Entscheidungen der Vorsehung in Frage zu stellen, und uns wird gesagt, dass wir Schmerz und Leid hinnehmen müssen, weil sie Gottes Wille sind; und es wird viel über die Schönheit der stillen Resignation gesprochen und geschrieben, was alles an eine bestimmte Klasse von sanften Gemütern appelliert, die noch nicht gelernt haben, dass Sanftmut nicht in der Abwesenheit von Macht besteht, sondern im freundlichen und wohltätigen Gebrauch derselben.

Menschen, die so denken, lassen sich leicht in die Irre führen. Sie sehen eine gewisse Schönheit in dem Bild der Schwäche, die sich auf die Stärke stützt, aber sie schreiben den beruhigenden Einfluss dem falschen Element der Kombination zu. Eine aufmerksame Analyse würde ihnen zeigen, dass ihre Gefühle aus Mitleid mit der schwachen Figur und Bewunderung für die starke Figur bestehen und dass die Suggestivität des Ganzen daher rührt, dass es den künstlerischen Sinn für Ausgewogenheit befriedigt, der einen solchen Ausgleich erfordert. Aber welche der beiden Figuren auf dem Bild würden sie selbst am liebsten sein? Sicherlich nicht die schwache Figur, die Hilfe braucht, sondern die starke, die sie gibt. Die schwache Figur an sich erregt nur unser Mitleid und nicht unsere Bewunderung. Ihre Form mag schön sein, aber ihre Schönheit verstärkt nur das Gefühl, dass ihr etwas fehlt - und dieses Etwas ist die Stärke. Die Anziehungskraft, die die Lehre von der passiven Resignation auf manche Menschen ausübt, beruht auf einem Appell an das Gefühl, der akzeptiert wird, ohne dass der Verdacht aufkommt, dass das Gefühl, an das appelliert wird, ein falsches ist.

Der heilsame Einfluss der Bewegung, die als "The Higher Thought" bekannt ist, besteht genau darin, dass sie diese schwächende Lehre der Unterwerfung rigoros bekämpft. Sie kann die Schönheit der Schwäche, die sich auf die Stärke stützt, genauso gut erkennen wie andere, aber sie sieht, dass die wahre Quelle der Schönheit im starken Element der Kombination liegt. Die wahre Schönheit besteht in der Kraft, die Stärke verleiht, und diese Kraft wird nicht durch Unterwerfung erlangt, sondern durch die genau cntgegengesetzte Methode, indem wir ständig unseren Willen bekräftigen, uns nicht zu unterwerfen.

Wenn wir davon ausgehen, dass all das Leid, die Krankheit, der Schmerz, die Schwierigkeiten und andere Widrigkeiten in der Welt Ausdruck des Willens Gottes sind, müssen wir uns zweifellos mit dem Unvermeidlichen abfinden und uns mit der vagen Hoffnung trösten, dass wir in einer fernen Zukunft herausfinden werden, dass "das Gute das Endziel des Bösen ist", obwohl selbst diese vage Hoffnung ein Protest gegen die Unterwerfung ist, die wir anstreben. Aber die Annahme, dass das Böse im Leben der Wille Gottes ist, ist eine Annahme, die bei einer sorgfältigen und intelligenten Untersuchung der Gesetze des Universums, sowohl der geistigen als auch der physischen, nicht der Wahrheit entspricht. Und wenn wir uns dem Buch zuwenden, das die umfassendste Beschreibung dieser universellen Gesetze enthält, werden wir nichts klarer lehren, als dass die Unterwerfung unter das Böse im Leben keine Unterwerfung unter den Willen Gottes ist. Es wird uns gesagt, dass Christus zu diesem Zweck geoffenbart wurde, um den zu vernichten, der die Macht des Todes hat - das heißt den Teufel. Der Tod ist die Krönung des Negativen. Er ist die völlige Abwesenheit von allem, was das Leben ausmacht, und alles, was die lebendige Qualität des Lebens schmälert, reproduziert in seinem Ausmaß die charakteristische Qualität dieser höchsten Form des Negativen. Alles, was die Fülle des Lebens schmälert, hat diese todbringende Qualität in sich.

In dem vollkommen erneuerten Leben, das unter dem Symbol des neuen Jerusalem dargestellt wird, wird gesagt, dass Kummer und Seufzen verschwinden und der Bewohner nicht sagen wird: "Ich bin krank. Nichts, was das Leben verdunkelt oder einschränkt, kann der gleichen Quelle entspringen wie die Macht, die denen, die in der Finsternis sitzen, Licht und denen, die gebunden sind, Befreiung schenkt. Negation kann niemals Affirmation sein; und der Fehler, vor dem wir uns immer hüten müssen, ist der, dem Negativen eine positive Kraft zuzuschreiben. Wenn wir einmal die Wahrheit begreifen, dass Gott Leben ist und dass das Leben in jeder Ausdrucksform nie etwas anderes sein kann als die Bejahung, dann muss uns klar werden, dass nichts, was eine entgegengesetzte Tendenz hat, dem Willen Gottes entsprechen kann. Wenn Gott (das Gute) irgendetwas "Böses" in der Welt wollte, würde das bedeuten, dass das Leben mit dem Ziel handelt, sich selbst zu vermindern, und das ist ein Widerspruch zur Idee des Lebens selbst. Gott ist das Leben, und das Leben ist von Natur aus positiv. Bislang haben wir uns unserer eigenen Schwäche, Unwissenheit und Angst unterworfen und nicht dem höchsten Gut.

Aber müssen wir uns denn unter keinen Umständen unterordnen? Müssen wir in allem immer unseren eigenen Weg gehen? Sicherlich liegt das ganze Geheimnis unseres Fortschritts zur Freiheit darin, dass wir uns die Gewohnheit der Unterwerfung aneignen; aber es ist die Unterwerfung unter die höhere Wahrheit und nicht unter die höhere Gewalt. Manchmal kommt es vor, dass wir, wenn wir eine höhere Wahrheit erlangen, feststellen, dass ihre Aufnahme von uns verlangt, dass wir die Wahrheiten, die wir vorher besaßen, neu ordnen müssen: nicht, dass wir irgendeine von ihnen beiseite legen, denn eine einmal erkannte Wahrheit kann nicht wieder aus den Augen verloren werden, sondern dass wir ein anderes Verhältnis zwischen ihnen erkennen als das, das wir vorher gesehen haben. Das ist ein Prozess, der nicht immer leicht zu erreichen ist, den wir aber durchlaufen müssen, wenn unsere geistige Entwicklung nicht aufgehalten werden soll. Der niedrigere Grad des Lebens muss von dem höheren verschluckt werden, und dazu müssen wir lernen, dass der niedrigere Grad nur ein teilweiser und begrenzter Aspekt dessen war, was universeller, stärker und in jeder Hinsicht größer ist.

Auf dem Weg des geistlichen Wachstums gibt es viel Raum für das Training von Selbsterkenntnis und Selbstbeherrschung, das gemeinhin unter dem Begriff "Unterwerfung" verstanden wird. Aber der Charakter dieser Handlung hat sich grundlegend verändert. Es handelt sich nicht mehr um eine halb verzweifelte Resignation vor einer höheren Macht außerhalb von uns selbst, von der wir nur vage hoffen können, dass sie gütig und weise handelt, sondern um ein intelligentes Erkennen der wahren Natur unserer eigenen inneren Kräfte und der Gesetze, nach denen sich eine robuste geistige Verfassung entwickelt; und die Unterwerfung erfolgt nicht mehr gegenüber Beschränkungen, die dem Leben seine Lebendigkeit nehmen und gegen die wir instinktiv rebellieren, sondern gegenüber dem Gesetz unserer eigenen Entwicklung, das sich in immer höheren Graden von Leben und Stärke manifestiert.

Die Unterwerfung, die wir erkennen, ist der Preis, der für Wachstum in jeder Richtung gezahlt werden muss. Selbst auf dem Geldmarkt müssen wir investieren, bevor wir Gewinne erzielen können. Es ist eine allgemeingültige Regel, dass die Natur uns genau in dem Maße gehorcht, wie wir ihr zuerst gehorchen; und das gilt für die geistige Wissenschaft genauso wie für die körperliche. Die einzige Frage ist, ob wir uns dem Prinzip des Todes unwissend unterwerfen oder dem Prinzip des Lebens mit Freude und Intelligenz gehorchen wollen.

Wenn wir die Tatsache unserer Identität mit dem universellen Geist klar erkannt haben, werden wir feststellen, dass es in der richtigen Richtung so etwas wie Unterwerfung gar nicht gibt. Unterwerfung bedeutet, sich der Macht eines anderen zu unterwerfen - von einem Menschen kann man nicht sagen, dass er sich selbst unterwirft. Wenn das "ICH BIN" in uns ein größeres Maß an ICH BIN-Sein erkennt (wenn ich das Wort prägen darf), als es bisher erreicht hat, dann wird es durch die Kraft dieser Erkenntnis zu dem, was es sieht, und schiebt deshalb ganz natürlich alles von sich, was den Ausdruck seiner eigenen Vollkommenheit einschränken würde.

Aber das ist ein natürlicher Wachstumsprozess und kein unnatürlicher Akt der Unterwerfung; es ist nicht das Ausschütten unserer Schwäche, sondern das Sammeln unserer zunehmenden Stärke. Im Geist gibt es keine Schwäche, er ist ganz und gar stark. Deshalb müssen wir immer auf der Hut sein vor den heimtückischen Ansätzen des Negativen, die die wahre Position umkehren würden. Das Negative verweist immer auf eine äußere Quelle der Stärke. Seine Formel lautet: "Ich bin nicht". Es versucht immer, eine Kluft zwischen uns und der Unendlichen Genügsamkeit zu errichten. Sie will uns immer glauben machen, dass wir diese Genügsamkeit nicht selbst haben, sondern dass wir durch einen Akt ungewisser Gunst gelegentlich einen Löffel voll davon abbekommen können. Die Lehre Christi ist anders. Wir müssen nicht wie die Frau aus Samaria mit unserem Krug zum Brunnen kommen, um Wasser zu schöpfen, sondern wir haben in uns selbst einen unerschöpflichen Vorrat an lebendigem Wasser, das in das ewige Leben quillt.

Lasst uns also in fetten Lettern " Keine Kapitulation" auf unsere Fahne schreiben und unerschrocken voranschreiten, um unser rechtmäßiges Erbe der Freiheit und des Lebens einzufordern.

VI. VOLLSTÄNDIGKEIT

Ein Punkt, den Studierende der Mentalwissenschaften oft nicht ausreichend beachten, ist die Vollkommenheit des Menschen - nicht eine Vollkommenheit, die erst in der Zukunft erreicht wird, sondern hier und jetzt. Wir haben uns so sehr daran gewöhnt, dass uns die Unvollkommenheit des Menschen in Büchern, Predigten und Kirchenliedern und vor allem in einer falschen Auslegung der Bibel eingetrichtert wird, dass uns der Gedanke an seine Vollkommenheit zunächst ganz und gar verblüfft. Solange wir das aber nicht erkennen, müssen wir uns von dem Höchsten und Besten, was die Geisteswissenschaft zu bieten hat, von einem gründlichen Verständnis ihrer Philosophie und von ihren größten praktischen Errungenschaften fernhalten.

Um eine Arbeit erfolgreich zu erledigen, musst du glauben, dass du in Bezug auf sie ein ganzer Mensch bist. Die vollendete Arbeit ist das äußere Abbild einer entsprechenden Vollständigkeit in dir selbst. Der Unterschied in der Wichtigkeit der Arbeit spielt keine Rolle. Wir können eine Arbeit erst dann erfolgreich angehen, wenn wir aus irgendeinem Grund glauben, dass wir sie bewältigen können, d. h. wenn wir glauben, dass keine der Voraussetzungen für ihre Vollendung in uns fehlt und wir deshalb in Bezug auf sie vollständig sind. Die Erkenntnis, dass wir vollständig sind, ist also das Maß dessen, was wir tun können, und deshalb ist es so wichtig, dass wir unsere eigene Vollständigkeit kennen.

Aber, so könnte man fragen, sehen wir nicht überall Unvollkommenheit? Gibt es nicht auch Kummer, Krankheit und Schwierigkeiten? Ja, aber warum? Genau aus dem Grund, weil wir unsere Vollkommenheit nicht erkennen. Würden wir sie in ihrer Fülle erkennen, gäbe es diese Dinge nicht; und in dem Maße, in dem wir sie erkennen, werden sie immer weniger werden. Wenn wir die beiden grundlegenden Wahrheiten wirklich begreifen, dass der Geist das reine Leben ist und dass äußere Dinge das Ergebnis innerer Kräfte sind, dann sollte es nicht schwer sein, zu verstehen, warum wir vollständig sein sollten; denn etwas anderes anzunehmen, hieße anzunehmen, dass die reaktive Kraft des Universums entweder nicht in der Lage oder nicht willens ist, den vollständigen Ausdruck ihrer eigenen Absicht in der Erschaffung des Menschen hervorzubringen.

Dass sie dazu nicht in der Lage ist, würde sie von ihrem Platz als schöpferisches Prinzip verdrängen, und dass sie nicht willens ist, ihre eigene Absicht zu erfüllen, ist ein Widerspruch in sich, so dass wir bei beiden Annahmen zu einer reductio ad absurdum kommen. Unser Fortschritt besteht also nicht darin, dass uns etwas Neues hinzugefügt wird, sondern darin, dass wir lernen, Kräfte einzusetzen, die bereits in uns vorhanden sind, die wir aber nie versucht haben, zu nutzen, und die wir deshalb nicht entwickelt haben, weil wir immer davon ausgegangen sind, dass einige der wichtigsten Fähigkeiten, die wir brauchen, um uns an unsere Umwelt anzupassen, von Natur aus unvollkommen sind.

Wenn wir diese großen Fähigkeiten erlangen wollen, stellt sich die Frage, wo wir sie suchen sollen. Und die Antwort liegt in uns selbst. Das ist das große Geheimnis. Wir dürfen nicht außerhalb von uns selbst nach Macht suchen. Sobald wir das tun, finden wir keine Macht, sondern Schwäche. Wenn wir Stärke von außen suchen, bestätigen wir damit unsere Schwäche, und jeder weiß, was das natürliche Ergebnis einer solchen Bestätigung sein muss.

Der Grund, warum wir das nicht erkennen, ist, dass wir nicht verstehen, wie weit unser "Selbst" reicht. Wir wissen, dass das Ganze einer Sache aus all ihren Teilen besteht und nicht nur aus einigen von ihnen; doch genau das scheinen wir von uns selbst nicht zu wissen. Wir sagen zu Recht, dass jeder Mensch eine Konzentration des Universellen Geistes im individuellen Bewusstsein ist; aber wenn das so ist, dann muss jedes individuelle Bewusstsein den Universellen Geist als unendlichen Ausdruck seiner selbst empfinden. Es ist dieser Teil des "Selbst", den wir bei unserer Einschätzung dessen, was wir sind, so oft außer Acht lassen; und deshalb sehen wir uns als kriechende Pygmäen an, obwohl wir uns als Erzengel betrachten könnten. Wir versuchen, mit den bloßen Schatten unserer selbst zu arbeiten, anstatt mit der glorreichen Substanz, und wundern uns dann über unsere Misserfolge. Wenn wir nur verstehen würden, dass unsere "bessere Hälfte" die ganze Unendlichkeit des Geistes ist - das, was das Universum erschafft und erhält - dann sollten wir wissen, wie vollständig unsere Vollständigkeit ist.

Wenn wir uns dieser Vorstellung annähern, wird unsere Vollständigkeit für uns zur Realität und wir stellen fest, dass wir für nichts außerhalb von uns selbst gehen müssen. Wir müssen nur auf den Teil von uns zurückgreifen, der unendlich ist, um jede Absicht zu verwirklichen, die wir in unserem individuellen Bewusstsein haben; denn es gibt keine Schranke zwischen den beiden Teilen, sonst wären sie keine Einheit. Jeder Teil gehört vollkommen zum anderen, und die beiden sind eins. Es gibt keinen Gegensatz zwischen ihnen, denn das Unendliche Leben kann kein Interesse gegen seine Individualisierung haben. Wenn wir uns angespannt fühlen, liegt das daran, dass wir diese Vorstellung von unserer eigenen Ganzheit nicht vollständig verwirklichen.

Dieses Gefühl der Spannung ist das Gefühl, dass wir unser ganzes Wesen nicht nutzen. Wir versuchen, die Hälfte die Arbeit des Ganzen machen zu lassen, aber wir können uns nicht von unserer Ganzheit befreien, und deshalb protestiert das Ganze gegen unsere Versuche, eine Hälfte gegen die andere zu stellen. Wenn wir aber erkennen, dass unsere Konzentration aus dem Unendlichen heraus auch unsere Ausdehnung in das Unendliche hinein bedeutet, werden wir sehen, dass unser ganzes "Selbst" sowohl die Konzentration als auch die Ausdehnung beinhaltet. Wir werden feststellen, dass es in uns eine ständige Aktion und Reaktion zwischen dem Unendlichen und dem Einzelnen gibt, wie die Zirkulation des Blutes vom Herzen zu den Gliedmaßen und wieder zurück, ein ständiges Pulsieren der Lebensenergie, ganz natürlich und frei von jeglicher Anstrengung und Belastung.

Dies ist das große Geheimnis der Lebendigkeit des Lebens, das in den verschiedenen Religionen und Philosophien mit vielen Namen und Symbolen bezeichnet wird, von denen jedes in dem Maße seinen Wert hat, wie es uns der Verwirklichung dieser vollkommenen Ganzheit näher bringt. Aber die Sache selbst ist das Leben und kann daher mit Worten oder Symbolen nur angedeutet, aber nicht beschrieben werden; es ist eine Sache der persönlichen Erfahrung, die niemand einem anderen vermitteln kann. Alles, was wir tun können, ist, die Richtung aufzuzeigen, in der diese Erfahrung zu suchen ist, und anderen die intellektuellen Argumente zu nennen, die uns geholfen haben, sie zu finden; aber die Erfahrung selbst ist das Wirken bestimmter Lebensfunktionen des inneren Wesens, und niemand außer uns selbst kann unser Leben für uns tun.

Aber was muss die Folge sein, wenn wir erkennen, dass das "Selbst" in uns sowohl das Unendliche als auch das Individuelle umfasst? Alle Ressourcen des Unendlichen müssen uns zur Verfügung stehen; wir können aus ihnen schöpfen, wie wir wollen, und es gibt keine andere Grenze als die, die uns das Gesetz der Güte auferlegt, eine selbst auferlegte Grenze, die, weil sie selbst auferlegt ist, keine Knechtschaft ist, sondern nur ein anderer Ausdruck unserer Freiheit. So sind wir frei und alle Begrenzungen sind beseitigt.

Wir sind auch nicht mehr unwissend, denn da das "Selbst" in uns das Unendliche einschließt, können wir daraus alles nötige Wissen schöpfen, und auch wenn wir nicht immer in der Lage sind, dieses Wissen in der Mentalität zu formulieren, werden wir seine Führung spüren, und schließlich wird die Mentalität lernen, dies auch in Worte zu fassen; und so werden wir durch die Verbindung von Denken und Erfahrung, Theorie und Praxis nach und nach immer mehr in das Wissen um das Gesetz unseres Seins eindringen und feststellen, dass darin kein Platz für Angst ist, weil es das Gesetz der vollkommenen Freiheit ist. Und wenn wir wissen, was unser ganzes Selbst wirklich ist, werden wir als freie Männer und Frauen aufrecht gehen und überall Licht und Leben ausstrahlen, so dass unsere bloße Anwesenheit einen belebenden Einfluss ausübt, weil wir erkennen, dass wir ein bejahendes Ganzes sind und nicht nur eine negative Auflösung von Teilen.

Wir wissen, dass unser ganzes Selbst den Größeren Menschen beinhaltet, der hinter dem phänomenalen Menschen steht und ihn verursacht, und dieser Größere Mensch ist das wahre menschliche Prinzip in uns. Er ist also universell in seinen Sympathien, aber gleichzeitig nicht weniger individuell; und so kann der wahre Mensch in uns, der gleichzeitig universell und individuell ist, als sicherer Führer dienen. Es ist der "Denker", der hinter dem bewussten Denken steht und der, wenn wir ihn als unser Zentrum akzeptieren und erkennen, dass er kein separates Wesen ist, sondern wir selbst, jeder Gelegenheit gewachsen sein wird und uns aus dem Zustand der Knechtschaft in die "herrliche Freiheit der Söhne Gottes" führen wird.

VII. DAS PRINZIP DER FÜHRUNG

Wenn man mich fragen würde, welches der spirituellen Prinzipien an erster Stelle steht, wäre ich geneigt, das Prinzip der Führung zu nennen. Nicht in dem Sinne, dass es wesentlicher wäre als die anderen, denn jeder Teil ist für die Vollständigkeit eines vollkommenen Ganzen gleichermaßen wichtig, sondern in dem Sinne, dass es in der Reihenfolge an erster Stelle steht und all unseren anderen Kräften einen Wert verleiht, indem es sie in die richtige Beziehung zueinander setzt. "Unseren anderen Kräften einen Wert geben", sage ich, weil dies auch eine unserer Kräfte ist. Es ist das, was vom Standpunkt des persönlichen Selbstbewusstseins aus betrachtet über uns steht, was aber vom Standpunkt der Einheit des gesamten Geistes aus gesehen ein Teil von uns selbst ist, weil es der Unendliche Geist ist, der notwendigerweise mit allen seinen Manifestationen identifiziert wird.

Auf diesen Unendlichen Geist als höhere Intelligenz zu schauen, von der wir Führung erhalten können, bedeutet also nicht, auf eine externe Quelle zu schauen. Im Gegenteil, es bedeutet, dass wir auf die innerste Quelle unseres eigenen Wesens blicken, mit einem Vertrauen in ihr Handeln, das uns befähigt, unsere Pläne mit einer Entschlossenheit und Zuversicht zu verwirklichen, die an sich schon eine Garantie für unseren Erfolg sind.

Das Wirken der geistigen Prinzipien in uns folgt der Ordnung, die wir ihnen durch unser Denken auferlegen; daher wird die Ordnung der Verwirklichung die Ordnung des Wunsches wiedergeben; Und wenn wir dieses erste Prinzip der richtigen Ordnung und Führung vernachlässigen, werden wir feststellen, dass wir beginnen, andere große Kräfte, die in uns schlummern, hervorzubringen, ohne zu wissen, wie wir sie angemessen einsetzen können - was ein sehr gefährlicher Zustand wäre, denn ohne Ziele vor Augen zu haben, die der Kräfte, zu denen wir erwachen, würdig sind, würden wir sie für unbedeutende Zwecke verschwenden, die nur von der engen Bandbreite unseres unerleuchteten Intellekts bestimmt werden. Deshalb sagt die alte Weisheit: "Mit allem, was du bekommst, erlangst du Verständnis."

Das Erwachen des Bewusstseins unserer geheimnisvollen inneren Kräfte wird früher oder später stattfinden und dazu führen, dass wir sie nutzen, egal ob wir das Gesetz ihrer Entwicklung verstehen oder nicht, so wie wir bereits unsere physischen Fähigkeiten nutzen, egal ob wir ihre Gesetze verstehen oder nicht. Die inneren Kräfte sind ebenso natürliche Kräfte wie die äußeren. Wir können ihren Gebrauch durch die Kenntnis ihrer Gesetze lenken, und deshalb ist es von größter Bedeutung, dass wir bei der Nutzung dieser höheren Fähigkeiten, wenn sie sich zu manifestieren beginnen, ein solides Prinzip zur Anleitung haben.

Wenn wir also das große Erbe der Macht, das sich vor uns auftut, sicher und gewinnbringend antreten wollen, müssen wir vor allem danach streben, diese höhere Intelligenz in uns zu erkennen, die zu einem unfehlbaren Leitprinzip wird, wenn wir sie nur als solches erkennen. Alles hängt davon ab, dass wir sie erkennen. Gedanken sind Dinge, und so wie wir unsere Gedanken wollen, so wollen wir, dass die Dinge sind. Wenn wir uns also vom Unendlichen Geist leiten lassen, werden wir feststellen, dass die Dinge so sind, wie wir sie gewollt haben, und dabei nutzen wir immer noch unser eigenes oberstes Prinzip. Und das ist der wahre "Verstand", der alle anderen Kräfte in die richtige Reihenfolge bringt und eine große Einheit von Kräften schafft, die auf klar definierte und würdige Ziele ausgerichtet sind, statt auf die Zersplitterung unserer Kräfte, durch die sie sich nur gegenseitig neutralisieren und nichts bewirken.

Das ist der Geist der Wahrheit, der uns in alle Wahrheit führen wird. Es ist der aufrichtige Wunsch von uns, nach der Wahrheit zu streben. Erst die Wahrheit, dann die Macht - das ist die vernünftige Reihenfolge, die wir nicht umkehren können, ohne uns selbst und anderen zu schaden; aber wenn wir diese Reihenfolge befolgen, werden wir immer Raum für unsere Kräfte finden, um die ständig wachsende Herrlichkeit unserer Vision des Ideals in die gegenwärtige Wirklichkeit umzusetzen.

Das Ideal ist das wahre Reale, aber es muss sich erst manifestieren, bevor es sich als solches erweisen kann, und darin besteht die praktische Natur unserer geistigen Studien. Der praktische Mystiker ist der Mann der Macht; der Mann, der die mystischen Kräfte in seinem Inneren erkennt und sein äußeres Handeln an diesem Wissen ausrichtet und so seinen Glauben durch seine Werke beweist; und der erste Schritt besteht sicherlich darin, die Kraft der unfehlbaren Führung zu nutzen, die er zu Hilfe rufen kann, indem er einfach wünscht, von ihr geführt zu werden.

VIII. BEGEHREN ALS ANTRIEBSKRAFT

Es gibt bestimmte orientalische Denkschulen und verschiedene westliche Ableger, die sich ganz auf das Prinzip der Vernichtung aller Wünsche stützen. Erreiche den Punkt, an dem du dir nichts mehr wünschst, und du wirst dich frei fühlen - das ist die Summe und die Substanz ihrer Lehre. Um dies zu untermauern, führen sie viele fadenscheinige Argumente an, die den Unvorsichtigen umso mehr in die Irre führen können, als sie viele der tiefsten Wahrheiten der Natur verleugnen. Aber wir müssen bedenken, dass es möglich ist, ein sehr tiefes Wissen über psychologische Tatsachen zu haben und gleichzeitig die Ergebnisse unseres Wissens durch eine völlig falsche Annahme in Bezug auf das Gesetz, das diese Tatsachen in einem universellen System zusammenhält, zu verderben; und die schädlichen Folgen eines Missverständnisses in einer so lebenswichtigen Frage sind so radikal und weitreichend, dass wir nicht genug darauf drängen können, die wahre Natur des strittigen Punktes klar zu verstehen. Wenn man die Frage von allem Beiwerk und allen Ausschmückungen befreit, stellt sich die Frage wie folgt: Für was sollen wir uns entscheiden: Leben oder Tod? Zwischen den beiden kann es keine Einigung geben, und je nachdem, was wir als Leitprinzip wählen, muss es zu Ergebnissen führen, die ihm entsprechen.

Bei dieser bedeutsamen Frage kommt es darauf an, welchen Platz wir dem Verlangen in unserem Denksystem einräumen. Ist es der Baum des Lebens inmitten des Gartens der Seele oder ist es der Upas-Baum, der ringsum eine Wildnis des Todes schafft? Das ist die Frage, über die wir uns ein Urteil bilden müssen, und dieses Urteil muss unsere gesamte Vorstellung vom Leben prägen und die ganze Bandbreite unserer Möglichkeiten bestimmen. Versuchen wir also, uns das Ideal vorzustellen, das die von mir erwähnten Systeme vorschlagen - ein Mensch, dem es gelungen ist, alle Begierden vollständig zu vernichten. Für ihn müssen alle Dinge gleich sein. Das Gute und das Böse müssen gleich sein, denn nichts hat mehr die Kraft, in ihm ein Verlangen zu wecken; er hat kein Gefühl mehr, das ihn dazu veranlasst zu sagen: "Das ist gut, also wähle ich es; das ist böse, also lehne ich es ab"; denn jede Wahl setzt voraus, dass man in dem, was man wählt, etwas Wünschenswerteres sieht als in dem, was man ablehnt, und folglich das Gefühl des Verlangens, das in dem Ideal, das wir betrachten, völlig beseitigt ist.

Wenn also die Wahrnehmung all dessen, was eine Sache einer anderen vorzieht, ausgelöscht wurde, kann es kein Motiv für irgendeine Handlung geben. Gebt einem Wesen, das auf diese Weise sein Verlangen ausgelöscht hat, die Macht, ein Universum zu erschaffen, und es hat kein Motiv, sie zu nutzen. Gib ihm alles Wissen, und es wird ihm nichts nützen, denn da das Verlangen keinen Platz in ihm hat, hat er keinen Grund, sein Wissen zu nutzen. Und mit

Liebe können wir ihn auch nicht ausstatten, denn das ist das Verlangen in seinem höchsten Grad. Aber wenn wir all das ausschließen, was bleibt dann von dem Menschen übrig? Nichts, außer der bloßen äußeren Form. Wenn er dieses Ideal tatsächlich erreicht hat, hat er praktisch aufgehört zu sein. Nichts kann ihn mehr interessieren, denn es gibt nichts, was ihn mehr anzieht oder abstößt als ein anderes Ding. Er muss sowohl für jedes Gefühl als auch für jedes Handlungsmotiv tot sein, denn sowohl das Gefühl als auch das Handeln implizieren die Bevorzugung eines Zustandes gegenüber einem anderen; und wo das Verlangen völlig erloschen ist, kann es keine solche Bevorzugung geben.

Zweifellos mag jemand einwenden, dass nur böse Begierden auf diese Weise unterdrückt werden sollen; aber ein Blick in die Schriften der betreffenden Denkschulen zeigt, dass dies nicht der Fall ist. Die Grundlage des gesamten Systems ist, dass alle Begierden ausgelöscht werden müssen, die Begierde nach dem Guten genauso wie die Begierde nach dem Bösen. Das Gute ist genauso eine "Illusion" wie das Böse, und bevor wir nicht die absolute Gleichgültigkeit gegenüber beiden erreicht haben, haben wir die Freiheit nicht erlangt. Erst wenn wir jegliches Verlangen vollständig unterdrückt haben, sind wir frei. Die praktischen Ergebnisse einer solchen Philosophie zeigen sich bei den indischen Anhängern, die aufgrund ihrer Entschlossenheit, alles Verlangen nach Gutem und Bösem zu unterdrücken, nur noch ein äußeres Abbild des

Menschen sind, aus dem alle Kräfte der Wahrnehmung und des Handelns längst entwichen sind.

Die Verschmelzung mit dem Universellen, die sie anstreben, ist nichts anderes als eine selbst herbeigeführte Hypnose, die, wenn sie lange genug aufrechterhalten wird, alle geistigen und körperlichen Kräfte schwächt und nichts als die äußere Hülle einer abgeschwächten menschlichen Form zurücklässt - das hoffnungslose Wrack dessen, was einmal ein lebendiger Mensch war. Das ist die logische Folge eines Systems, das davon ausgeht, dass das Verlangen an sich böse ist, dass jedes Verlangen per se eine Form der Unfreiheit ist, unabhängig von der Art des Objekts. Den meisten Anhängern dieser Philosophie mag es an der nötigen Entschlossenheit fehlen, um sie konsequent in die Praxis umzusetzen; aber ob ihr Ideal nun in dieser oder in einer anderen Welt verwirklicht werden soll, die völlige Auslöschung des Verlangens bedeutet nichts anderes als absolute Apathie, ohne Gefühl und ohne Handlung.

Wie völlig falsch eine solche Vorstellung ist - nicht nur vom Standpunkt unseres täglichen Lebens aus, sondern auch von dem der transzendentalen Vorstellung des universellen Prinzips - zeigt allein die Tatsache, dass es überhaupt etwas gibt. Wenn das höchste Ideal das der völligen Apathie ist, dann muss die schöpferische Kraft des Universums extrem niedrig gesinnt sein; und alles, was wir bisher als die wunderbare Ordnung und Schönheit der Schöpfung zu betrachten gewohnt waren, ist nichts anderes als eine Zurschaustellung von Vulgarität und Unkenntnis der gesunden Philosophie.

Aber die Tatsache, dass es die Schöpfung gibt, beweist, dass der Universelle Geist anders denkt, und wir müssen uns nur umsehen, um zu sehen, dass das wahre Ideal die Ausübung der schöpferischen Kraft ist. Das Verlangen ist also keineswegs eine Sache, die es zu vernichten gilt, sondern die Wurzel jeder denkbaren Lebensform. Ohne sie könnte das Leben nicht sein. Jede Ausdrucksform setzt die Auswahl all dessen voraus, was zu dieser Form gehört, und das Vorbeigehen an allem, was für diesen Zweck nicht benötigt wird; daher das Verlangen nach dem, was ausgewählt wird, vor dem, was beiseite gelegt wird. Und dieses selektive Verlangen ist nichts anderes als das universelle Gesetz der Anziehung.

Ob dieses Gesetz nun in der chemischen Affinität scheinbar unbewusster Atome oder in den instinktiven, wenn auch unvernünftigen Anziehungen der Pflanzen- und Tierwelt wirkt, es ist immer noch das Prinzip der selektiven Affinität; und es bleibt dasselbe, wenn es in die höheren Reiche übergeht, die von Vernunft und bewusster Absicht regiert werden. Die Art und Weise, wie in jedem dieser Reiche gehandelt wird, hängt von der Natur des jeweiligen Reiches ab, aber die Tätigkeit selbst resultiert immer aus der Vorliebe eines bestimmten Subjekts für ein bestimmtes Objekt, unter Ausschluss aller anderen; und alle Handlungen bestehen in der gegenseitigen Bewegung der beiden zueinander, gemäß dem Gesetz ihrer Affinität.

Wenn dies im Reich der bewussten Individualität geschieht, äußern sich die Affinitäten als mentale Handlungen; aber das Prinzip der Selektion herrscht ausnahmslos im gesamten Universum. Im bewussten Geist wird diese Anziehung zu seiner Affinität zu einem Wunsch, dem Wunsch, einen besseren Zustand der Dinge zu schaffen als den, der jetzt besteht. Unser Mangel an Wissen kann dazu führen, dass wir uns in der Frage irren, was dieses Bessere wirklich ist, und dass wir unserem Wunsch eine falsche Richtung geben, wenn wir versuchen, ihn zu verwirklichen. Sobald dies aber entdeckt ist, setzt sich das Gesetz der Anziehung durch und bringt den besseren Zustand hervor, von dem wir geträumt haben und der unseren Gedanken die Richtung vorgibt.

Es ist also ewig wahr, dass das Verlangen die Ursache aller Gefühle und aller Handlungen ist, mit anderen Worten, des gesamten Lebens. Die ganze Lebendigkeit des Lebens besteht darin, die durch das Gesetz der Anziehung erzeugten Schwingungen zu empfangen oder auszustrahlen; und im Reich des Verstandes werden diese Schwingungen notwendigerweise zu bewussten Ausstrahlungen des Verstandes in die Richtung, in der er die Anziehung spürt; das heißt, sie werden zu Wünschen. Verlangen ist also das Bestreben des Geistes, sich in einer Form zu manifestieren, die bisher nur in seinen Gedanken existiert. Es ist das Prinzip der Schöpfung, egal ob das Geschaffene eine Welt oder ein Holzlöffel ist; beide haben ihren Ursprung in dem Wunsch, etwas ins Leben zu rufen, das noch nicht existiert. Auf welcher Ebene wir unsere schöpferischen Fähigkeiten auch immer ausüben, die treibende Kraft ist immer der Wunsch.

Das Verlangen ist die Kraft hinter allen Dingen, es ist das bewegende Prinzip des Universums und das innerste Zentrum allen Lebens. Wenn wir also die Verneinung des Verlangens als unser ursprüngliches Prinzip ansehen, versuchen wir, das Leben selbst auszulöschen; aber wir müssen uns das nötige Wissen aneignen, um unser Verlangen zu seinem wahren Ziel zu führen. Das ist der Zweck des Wissens, und jedes Wissen, das anders angewandt wird, ist nur ein Teilwissen, das seinen Zweck verfehlt und nichts als Unwissenheit ist. Das Verlangen ist also die Summe der Lebendigkeit des Lebens, denn es ist der Ursprung aller Bewegung, sei es auf der physischen oder auf der spirituellen Ebene. Mit einem Wort: Das Verlangen ist die schöpferische Kraft und muss entsprechend behütet, trainiert und gelenkt werden; aber es zur höchsten Vollkommenheit zu entwickeln, ist das genaue Gegenteil davon, es ganz abzutöten.

Und das Verlangen hat als Gegenstück die Erfüllung. Der Wunsch und seine Erfüllung sind als Ursache und Wirkung miteinander verbunden; und wenn wir das Gesetz ihrer Abfolge erkennen, werden wir mehr denn je von der überragenden Bedeutung des Wunsches als dem großen Zentrum des Lebens beeindruckt sein.

IX. LEICHTIGKEIT

Was ist unser Stützpunkt? Liegt er in uns selbst oder außerhalb von uns? Sind wir auf uns selbst bezogen oder hängt unser Gleichgewicht von etwas Äußerem ab? Je nachdem, wie unsere Antwort auf diese Fragen ausfällt, wird auch unser Leben aussehen. In allem gibt es zwei Teile, das Wesentliche und das Nebensächliche - das, was der Kern und die Daseinsberechtigung des Ganzen ist, und das, was sich um diesen Kern herum sammelt und daraus Form annimmt. Das wahre Wissen besteht immer darin, diese beiden voneinander zu unterscheiden, und der Irrtum besteht immer darin, sie zu verwechseln.

In all unseren Angelegenheiten gibt es zwei Faktoren, nämlich uns selbst und die Sache, mit der wir uns befassen müssen. Und da für uns das Wesen einer Sache immer durch unsere Gedanken darüber bestimmt wird, ist es allein eine Frage unserer Überzeugung, welcher dieser beiden Faktoren das Wesentliche und welcher das Nebensächliche sein soll. Was immer wir als das Wesentliche betrachten, das andere wird sofort zum Nebensächlichen. Das Nebensächliche kann niemals fehlen. Damit eine Handlung stattfinden kann, muss es bestimmte Bedingungen geben, unter denen die Aktivität in sichtbare Ergebnisse mündet. In jeder Materie gibt es also immer einen wesentlichen oder energetischen Faktor und einen zufälligen Faktor, der seine Qualität von der Art der Energie ableitet.

Wir kommen also nie darum herum, uns für einen wesentlichen und einen nebensächlichen Faktor zu entscheiden, und je nachdem, welchen wir als wesentlichen Faktor wählen, machen wir den anderen zum nebensächlichen Faktor. Wenn wir also den Fehler machen, die wahre Position umzukehren und annehmen, dass die Energie von den zufälligen Umständen kommt, machen wir sie zu unserem Stützpunkt und lehnen uns an sie an und stehen oder fallen entsprechend mit ihnen.

Aber wenn wir uns die Frage stellen, wo der Mittelpunkt des Lebens eines Menschen liegen kann, außer in ihm selbst, werden wir sehen, dass der energetische Mittelpunkt in allem, was uns betrifft, in uns selbst liegen muss. Wir können uns nie von uns selbst als dem Zentrum unseres eigenen Universums lösen, und je früher wir das verstehen, desto besser. Es gibt in unserem Universum keine andere Energie als die, die in erster Linie von uns selbst ausgeht, und die Kraft, die in unserer Umgebung zu wohnen scheint, stammt ausschließlich aus unserem eigenen Geist.

Wenn wir uns dessen bewusst werden und bedenken, dass das Leben, das aus dem universellen Lebensprinzip in uns einfließt, in jedem Moment neues Leben ist, das keinem bestimmten Zweck dient, außer dem, unsere eigene Individualität zu unterstützen, und dass wir es daher in jeder beliebigen Form nach außen tragen

können, dann werden wir feststellen, dass diese Manifestation des ewigen Lebensprinzips in uns selbst der Standpunkt ist, von dem aus wir unsere Umgebung kontrollieren können. Wir müssen uns fest auf den zentralen Punkt unseres eigenen Seins stützen und nicht auf irgendetwas anderes. Unser Fehler ist, dass wir unsere Umgebung zu sehr "au grand serieux" nehmen. Wir sollten die Dinge mit mehr Leichtigkeit anfassen. Sobald wir das Gefühl haben, dass ihr Gewicht uns daran hindert, frei mit ihnen umzugehen, beherrschen sie uns, und nicht wir sie.
Leichtigkeit ist nicht gleichbedeutend mit Schwäche. Im Gegenteil: Leichtigkeit im Umgang ist unvereinbar mit einem schwachen Griff des Werkzeugs, was bedeutet, dass das Gewicht des Werkzeugs im Verhältnis zu der Kraft, mit der es geführt werden soll, zu groß ist. Eine leichte, sogar spielerische Handhabung setzt daher einen festen Griff und eine perfekte Kontrolle über das Instrument voraus. Nur in den Händen eines Grinling Gibbons kann das Schnitzwerkzeug Wunder von luftiger Leichtigkeit aus dem massiven Holz zaubern. Die leichte und doch feste Berührung zeugt nicht von Schwäche, sondern von Kraft, die in Reserve gehalten wird. Und wenn wir uns unserer eigenen, durch und durch spirituellen Natur bewusst werden, wissen wir, dass hinter jedem Maß an Kraft, das wir aufbringen, die gesamte Reserve des Unendlichen steht, um uns zu unterstützen.

Wenn wir das erkennen, fangen wir an, mit den Dingen leichtfertig umzugehen und mit ihnen zu spielen wie ein Jongleur mit seinen fliegenden Messern, die nicht die geringste Bewegung machen können, die er ihnen zugedacht hat, denn wir beginnen zu erkennen, dass unsere Kontrolle über die Dinge Teil der notwendigen Ordnung des Universums ist. Die Unordnung, auf die wir in der Vergangenheit gestoßen sind, ist genau darauf zurückzuführen, dass wir nie versucht haben, dieses Element unserer persönlichen Kontrolle bewusst als Teil des Systems einzuführen.

Natürlich spreche ich vom ganzen Menschen und nicht nur von dem Teil, der laut Walt Whitman zwischen seinem Hut und seinen Stiefeln zu finden ist. Der ganze Mensch ist eine Unendlichkeit, und der sichtbare Teil von ihm ist das Instrument, durch das er auf all das blickt und genießt, was ihm gehört, sein eigenes Reich der Unendlichkeit. Und wenn er erfährt, dass dies die Bedeutung seiner bewussten Individualität ist, sieht er, dass er unendlich ist, und erkennt, dass er eins ist mit dem Unendlichen Geist, der der innerste Kern des Universums ist. Wenn er auf diese Weise das wahre Zentrum seines eigenen Seins erreicht hat, kann er diesen zentralen Platz niemals mehr an etwas anderes abgeben, sondern wird erkennen, dass alle anderen Dinge im Verhältnis dazu nur nebensächlich und nebensächlich sind, und er wird täglich in diesem Wissen wachsen und lernen, mit allen Dingen leicht und doch fest umzugehen, so dass Kummer, Angst und Irrtum immer weniger Platz in seiner Welt haben werden, bis schließlich Kummer und Seufzen verfliegen und ewige Freude ihren Platz einnimmt. Wir haben zwar bisher nur ein paar Schritte auf dem Weg gemacht, aber sie gehen in die richtige Richtung, und jetzt müssen wir weitergehen.

X. GEGENWÄRTIGE WAHRHEIT

Wenn die Gedankenkraft für etwas gut ist, ist sie für alles gut. Wenn sie eine Sache hervorbringen kann, kann sie alle Dinge hervorbringen. Denn was sollte sie daran hindern? Nichts kann uns vom Denken abhalten. Wir können denken, was wir wollen, und wenn denken heißt formen, dann können wir formen, was wir wollen. Die ganze Frage ist also folgende: Stimmt es, dass Denken bedeutet, etwas zu gestalten? Wenn ja, sehen wir dann nicht, dass unsere Begrenzungen genau so geformt werden wie unsere Erweiterungen? Wir denken, dass die Bedingungen außerhalb unseres Denkens Macht über uns haben, und so denken wir Macht in sie hinein. Die große Frage des Lebens ist also, ob es noch eine andere schöpferische Kraft als die des Denkens gibt. Wenn ja, wo ist sie und was ist sie?

Sowohl die Philosophie als auch die Religion führen uns zu der Wahrheit, dass es "am Anfang" keine andere schöpferische Kraft als den Geist gab und dass die einzige Art der Aktivität, die wir dem Geist zuschreiben können, das Denken ist, und dass das Denken die Wurzel aller Dinge ist. Und wenn dies "am Anfang" der Fall war, muss es auch heute noch so sein; denn wenn alle Dinge ihren Ursprung im Denken haben, müssen alle Dinge Formen des Denkens sein, und deshalb ist es für den Geist unmöglich, seine Schöpfungen jemals einer Kraft zu übergeben, die nicht er selbst ist - das heißt, die nicht die Kraft des Denkens ist;

und folglich sind alle Formen und Umstände, die uns umgeben, Manifestationen der schöpferischen Kraft des Denkens.

Nun könnte man einwenden, dass dies Gottes Gedanken sind und dass die schöpferische Kraft in Gott und nicht im Menschen liegt. Aber das weicht von der selbstverständlichen axiomatischen Wahrheit ab, dass "am Anfang" nichts anderes als der Gedanke entstanden sein kann. Es ist ganz richtig, dass nichts einen anderen Ursprung hat als den göttlichen Geist, und der Mensch selbst ist daher eine Form des göttlichen Gedankens. Und wenn er ausreichend erleuchtet ist, um dies als seinen Ursprung zu erkennen, dann sieht er, dass er in seiner Individualität eine Reproduktion desselben Geistes ist, der alle Dinge hervorbringt, und dass sein eigener Gedanke in seiner Individualität genau dieselbe Qualität hat wie der göttliche Gedanke in seiner Universalität, so wie Feuer gleichermaßen brennt, egal ob es um einen großen oder einen kleinen Verbrennungsherd herum brennt, und so kommen wir logischerweise zu dem Schluss, dass unser Gedanke schöpferische Kraft haben muss.

Aber die Menschen sagen: "Wir haben das nicht festgestellt. Wir sind von allen möglichen Umständen umgeben, die wir nicht wollen." Ja, ihr fürchtet sie, und so denkt ihr sie. Auf diese Weise übt ihr ständig dieses göttliche Vorrecht der Schöpfung durch Gedanken aus, nur aus Unwissenheit nutzt ihr es in eine falsche Richtung. Deshalb heißt es im Buch der göttlichen Anweisungen immer wieder: "Fürchte dich nicht, zweifle nicht", denn wir können unsere Gedanken nie von ihrer schöpferischen Qualität trennen, und die einzige Frage ist, ob wir sie unwissend zu unserem Schaden oder verständnisvoll zu unserem Nutzen einsetzen.

Der Meister fasste seine Lehre in dem Aphorismus zusammen, dass das Wissen um die Wahrheit uns frei machen wird. Dies ist keine Ankündigung von etwas, das wir tun müssen, oder von etwas, das für uns getan werden muss, um unsere Freiheit zu erlangen, noch ist es eine Aussage über etwas Zukünftiges. Die Wahrheit ist das, was ist. Er hat nicht gesagt, dass ihr warten müsst, bis etwas wahr wird, das jetzt noch nicht wahr ist. Er sagte: "Erkenne, was jetzt Wahrheit ist, und du wirst feststellen, dass die Wahrheit über dich selbst Freiheit ist." Wenn die Erkenntnis der Wahrheit uns frei macht, kann das nur daran liegen, dass wir in Wahrheit schon frei sind, nur wissen wir es nicht.

Unsere Freiheit besteht darin, dass wir auf der Ebene des Einzelnen dieselbe schöpferische Kraft des Gedankens nachbilden, die die Welt ins Leben gerufen hat, "so dass die Dinge, die man sieht, nicht aus den Dingen gemacht sind, die erscheinen". Lasst uns also selbstbewusst unser Geburtsrecht als "Söhne und Töchter des Allmächtigen" in Anspruch nehmen, und indem wir gewohnheitsmäßig das Gute, das Schöne und das Wahre denken, uns mit Bedingungen umgeben, die unseren

Gedanken entsprechen, und durch unsere Lehre und unser Beispiel anderen helfen, dasselbe zu tun.

XI. DEIN SELBST

Ich möchte mit dir über die Lebendigkeit sprechen, die darin liegt, du selbst zu sein. Das hat zumindest den Vorzug der Einfachheit, denn es ist sicher einfacher, man selbst zu sein, als etwas oder jemand anderes zu sein. Doch genau das versuchen so viele Menschen ständig: Das eigene Ich ist ihnen nicht gut genug, und so versuchen sie immer, noch besser zu werden als das, was Gott aus ihnen gemacht hat, mit endlosen Anstrengungen und Kämpfen als Folge. Natürlich haben sie Recht, wenn sie ein Ideal vor Augen haben, das unendlich viel größer ist als alles, was sie bisher erreicht haben - der einzig mögliche Weg, um voranzukommen, ist, einem Ideal zu folgen, das uns immer eine Stufe voraus ist -, aber der Fehler liegt darin, dass sie nicht erkennen, dass das Erreichen dieses Ideals eine Frage des Wachstums ist, und dass dieses Wachstum die Ausweitung von etwas sein muss, das bereits in uns existiert, und daher voraussetzt, dass wir das sind, was wir sind und wo wir sind, als Ausgangspunkt. Dieses Wachstum ist ein kontinuierlicher Prozess, und wir können das Wachstum des nächsten Monats nicht erreichen, ohne zuerst das von diesem Monat zu tun; aber wir wollen uns immer auf ein Ideal der Zukunft stürzen und sehen nicht, dass wir es nur erreichen können, wenn wir stetig von dort aus weitermachen, wo wir jetzt sind.

Diese Überlegungen sollten uns zuversichtlicher machen und uns mehr Sicherheit geben. Wir setzen eine Kraft ein, die viel größer ist, als wir glauben, und die doch nicht von uns getrennt ist und überredet oder gezwungen werden muss, das zu tun, was wir wollen; sie ist das Substrat unseres eigenen Wesens, das sich ständig auf der sichtbaren Ebene manifestiert und zu dem persönlichen Selbst wird, auf das wir unsere Aufmerksamkeit oft beschränken, ohne darüber nachzudenken, woher es kommt. Doch in Wahrheit ist das äußere Selbst die oberflächliche Ausprägung der Individualität, die weit unten in der Tiefe verborgen liegt und nichts anderes ist als der Geist des Lebens, der allen Erscheinungsformen zugrunde liegt.

Bemühe dich zu erkennen, was dieser Geist in sich selbst sein muss - das heißt, unabhängig von den Bedingungen, die sich aus den verschiedenen Beziehungen ergeben, die sich zwangsläufig zwischen seinen verschiedenen Formen der Individualisierung bilden. Was kann er in seinem homogenen Selbst anderes sein als reines Leben - die Essenz des Lebens, wenn du es so nennen willst? Dann erkenne, dass es als Wesen des Lebens im Innersten jeder seiner Erscheinungsformen in so vollkommener Einfachheit existiert, wie wir es in unseren abstraktesten Vorstellungen nicht beschreiben können. In diesem Licht sehen wir, dass es die sich ewig selbst erzeugende Kraft ist, die, um sich auszudrücken, in Form fließt.

Diese universelle Essenz des Lebens ist ein ständiges Werden (in Form), und da wir ein Teil der Natur sind, brauchen wir nicht über uns selbst hinauszugehen, um die lebensspendende Energie mit all ihren Kräften am Werk zu sehen. Alles, was wir tun müssen, ist, ihr zu erlauben, an die Oberfläche zu kommen. Wir müssen sie nicht dazu bringen, aufzusteigen, genauso wenig wie der Ingenieur, der das Bohrrohr für einen artesischen Brunnen versenkt, das Wasser dazu bringen muss, aufzusteigen; das Wasser tut dies aus eigener Kraft, indem es wie eine Fontäne hundert Meter in die Luft springt. Genauso werden wir in uns selbst eine Quelle der Lebensessenz finden, die unerschöpflich ist und immer weiter fließt, wie es einer Frau vor langer Zeit an einem Brunnen am Wegesrand erklärt wurde.

Diese Quelle der Lebens-Essenz ist nicht die eines anderen - sie ist unsere eigene. Um sie zu erlangen, bedarf es keiner tiefgründigen Studien, harter Arbeit oder mühsamer Reisen; sie ist nicht das Monopol dieses Lehrers oder dieses Schriftstellers, dessen Vorlesungen wir besuchen oder dessen Bücher wir lesen müssen, um sie zu erlangen. Es ist das Innerste von uns selbst, und ein wenig gesunder Menschenverstand bei der Frage, wie irgendetwas zu irgendetwas wird, wird uns bald davon überzeugen, dass das große, unerschöpfliche Leben die eigentliche Wurzel und Substanz von uns sein muss und jede Faser unseres Wesens durchdringt.

Und doch ist dieses wunderbare Ideal nichts anderes als das, was wir im Prinzip schon sind - es ist alles in uns und wartet nur darauf, dass wir es erkennen, um es zu manifestieren. Es ist nicht das Wesen des Lebens, das wachsen muss, denn es ist in sich selbst ewig vollkommen; aber es ist unsere Erkenntnis, die wachsen muss, und dieses Wachstum kann nicht erzwungen werden. Dieses Wachstum kann nicht erzwungen werden. Es muss durch einen natürlichen Prozess entstehen, dessen erste Notwendigkeit darin besteht, dass wir uns nicht anstrengen, etwas zu sein, was wir zum jetzigen Zeitpunkt nicht sein können. Das Gesetz unserer Entwicklung hat uns bestimmte Fähigkeiten und Möglichkeiten gegeben, und unsere weitere Entwicklung hängt davon ab, dass wir genau das tun, was diese Fähigkeiten und Möglichkeiten uns hier und jetzt ermöglichen.

Wenn wir das tun, wozu wir heute in der Lage sind, öffnet das den Weg dafür, dass wir morgen etwas Besseres tun können, und auf diese Weise wird der Wachstumsprozess in einem schnell wachsenden Verhältnis gesund und glücklich verlaufen. Das ist viel einfacher, als zu versuchen, die Dinge zu zwingen, etwas zu sein, was sie nicht sind, und es ist auch viel fruchtbarer für gute Ergebnisse. Es bedeutet nicht, still zu sitzen und nichts zu tun, und es gibt viel Raum für die Ausübung all unserer geistigen Fähigkciten, aber diese Fähigkeiten sind selbst das Ergebnis der Essenz des Lebens und sind nicht die schöpferische Kraft, sondern nur das, was ihr die

Richtung gibt. Es ist diese bewegende Kraft hinter den verschiedenen Fähigkeiten, die das wahre innerste Selbst ist; und wenn wir die Identität zwischen dem Innersten und dem Äußersten erkennen, werden wir sehen, dass wir daher in der Gegenwart alles zur Verfügung haben, was für unsere unbegrenzte Entwicklung in der Zukunft notwendig ist.

Wenn wir das erkennen, werden wir eine große Last unnötiger Anstrengungen und Bemühungen los, und an die Stelle des alten Sturm und Drang wird nicht Trägheit treten, sondern eine freudige Aktivität, die weiß, dass sie immer die nötige Kraft hat, um sich in Formen des Guten und Schönen zu manifestieren. Was spielt es für eine Rolle, wohin uns das führt? Wenn wir der Linie des Schönen und Guten folgen, dann werden wir das Schöne und Gute hervorbringen und so immer mehr Freude in die Welt bringen, welche Form sie auch immer annehmen mag.

Wir schränken uns selbst ein, wenn wir versuchen, im Voraus genau festzulegen, welche Form des Guten wir produzieren wollen. Wir sollten nicht so sehr darauf abzielen, etwas Bestimmtes zu haben oder zu machen, sondern darauf, alles auszudrücken, was wir sind. Das Ausdrücken wird daraus erwachsen, dass wir uns der Schätze bewusst werden, die wir bereits besitzen, und die Schönheit, die positive Seite von allem, was wir jetzt sind, betrachten, abgesehen von den negativen Vorstellungen und Ablenkungen, die dieses positive Gut vor uns verbergen. Wenn wir das tun, werden wir erstaunt sein zu sehen, welche Möglichkeiten in uns selbst und in unserer gegenwärtigen Umgebung stecken, so unschön wir sie auch finden mögen. Wenn wir dann sofort damit beginnen, an dem zu arbeiten, was wir darin an Positivem finden, und unsere Gedanken von dem abwenden, was wir bisher an Negativem darin gesehen haben, wird sich der richtige Weg vor uns auftun und uns auf wunderbare Weise zur Entwicklung von Kräften führen, die wir nie vermutet haben, und zum Genuss von Glück, den wir nie erwartet haben.

Wir waren nie vom rechten Weg abgewichen, wir sind ihn nur rückwärts statt vorwärts gegangen, und jetzt, wo wir begonnen haben, dem Weg in die richtige Richtung zu folgen, stellen wir fest, dass er nichts anderes ist als der Weg des Friedens, der Weg der Freude und der Weg zum ewigen Leben. Diese Dinge können wir erreichen, indem wir einfach ganz natürlich mit uns selbst leben. Nur weil wir versuchen, etwas zu sein oder zu tun, was uns nicht natürlich ist, werden wir müde und mühsam, wo wir uns doch mit Freude auf Dinge konzentrieren sollten, die durch die Kraft der Liebe, die wir für sie empfinden, zu ihrer eigenen Vollendung führen. Wenn wir aber die große Entdeckung machen, wie wir auf natürliche Weise leben können, werden wir feststellen, dass dies alles und mehr als alles ist, was wir uns jemals gewünscht haben.

XII. RELIGIÖSE ÜBERZEUGUNGEN

Die große und weise Schriftstellerin George Eliot drückte ihre gereiften Ansichten zum Thema religiöse Meinungen mit diesen Worten aus: "Ich bin zu sehr von der Wirksamkeit eines aufrichtigen Glaubens und dem geistigen Verderben, das mit einem fehlenden Glauben einhergeht, überzeugt, als dass ich noch irgendeinen negativen Propagandismus in mir hätte." Das war nicht immer ihre Einstellung gewesen, denn in ihrer Jugend hatte sie eine Menge negativer Propaganda in sich gehabt; aber die Erfahrung eines ganzen Lebens führte sie zu dieser Einschätzung des Wertes von aufrichtigem Glauben, unabhängig von der besonderen Form des Denkens, die zu ihm führt.

Auch Tennyson kam zu diesem Schluss und gibt eine freundliche Warnung: -

"Oh du, der du nach Mühsal und Sturm eine reinere Luft erreicht zu haben scheinst, dessen Glaube überall seinen Mittelpunkt hat und der sich nicht um eine Form kümmert. Lass deine Schwester, wenn sie betet, ihren frühen Himmel, ihre glücklichen Aussichten, und verwirre nicht mit schattenhaften Andeutungen ein Leben, das melodiöse Tage führt."

So haben uns diese beiden großen Geister eine weise Lektion hinterlassen, die wir uns zu Herzen nehmen sollten. Lasst uns sehen, wie sie auf unseren eigenen Fall zutrifft.

Die wahre Darstellung des Höheren Gedankens enthält keine "negative Propaganda". Sie steht überall auf der Seite des Positiven, und ihr großes Ziel ist es, das Krebsgeschwür auszurotten, das an der Wurzel jedes Lebens nagt, das sich auf das Negative zu konzentrieren versucht. Ihr Ziel ist konstruktiv und nicht destruktiv. Aber oft haben die Menschen einen falschen Eindruck von der Natur und der Reichweite der Bewegung und werden so nicht nur selbst davon abgehalten, sie zu erforschen, sondern auch andere davon abzuhalten. Manchmal liegt das daran, dass ihnen das Thema unklug präsentiert wurde - in einer Art und Weise, die unnötigerweise gegen die besondere Form religiöser Vorstellungen verstößt, an die sie gewöhnt sind; häufiger aber liegt es daran, dass sie die ganze Angelegenheit vorverurteilen und zu dem Schluss kommen, dass die Bewegung ihren Vorstellungen von Religion widerspricht, ohne sich die Mühe zu machen, nach den tatsächlichen Grundsätzen zu fragen. In jedem Fall sind ein paar Worte über die Haltung des New Thought gegenüber den aktuellen religiösen Ansichten nicht unangebracht.

Die erste Überlegung bei jedem Anliegen ist: Was ist das Ziel? Der Zweck bestimmt die einzusetzenden Mittel, und wenn man das Wesen des Zwecks klar vor Augen hat, wird man die Mittel nicht mit objektiven Komplikationen versehen. All das scheint zu offensichtlich, um es auszusprechen, aber es ist genau das Versäumnis, diese einfache Wahrheit zu erkennen, das zu dem ganzen Odium Theologicum geführt hat, mit all den Verfolgungen, Massakern und Märtyrern, die die Seiten der Geschichte entweihen und so viele von ihnen zu einer Aufzeichnung von nichts als Grausamkeit und Dummheit machen. Hoffen wir auf eine bessere Bilanz in der Zukunft, und wenn wir sie erreichen wollen, dann durch die Anwendung des hier dargelegten einfachen Prinzips.

Allein in unserem Land gibt es eine Vielzahl von Kirchen und Sekten, aber alle haben das gleiche Ziel: den Einzelnen in eine befriedigende Beziehung zur göttlichen Macht zu bringen. Schon die Tatsache, dass man sich überhaupt zu einer Religion bekennt, bedeutet, dass man Gott als die Quelle des Lebens und all dessen, was das Leben ausmacht, anerkennt; und deshalb ist es in jedem Fall das Ziel, immer mehr Leben, ob im Diesseits oder im Jenseits, aus der einzigen Quelle zu schöpfen, aus der es allein zu erhalten ist, und damit eine Beziehung zu dieser Quelle aufzubauen, die es dem Gläubigen ermöglicht, alles Leben, das er braucht, aus ihr zu schöpfen. Die notwendige Voraussetzung, um überhaupt bewusst zu schöpfen, ist also das Vertrauen, dass eine solche Beziehung tatsächlich besteht.

Wer dieses Vertrauen nicht hat, glaubt entweder, dass es eine solche Quelle nicht gibt, oder dass er keinen Zugang zu ihr hat. In beiden Fällen ist er auf sich allein gestellt und muss gegen das gesamte Universum kämpfen, ohne das Bewusstsein einer höheren Macht, die ihn unterstützt. Er ist ganz auf seine eigenen Ressourcen angewiesen, ohne zu wissen, aus welcher inneren Quelle sie unaufhörlich nachgefüllt werden können. Er ist wie eine Pflanze, die am Stängel abgeschnitten und ohne Wurzel in den Boden gesteckt wurde, und so schleicht sich die geistige Krankheit, von der George Eliot spricht, über ihn und erzeugt Schwäche, Ratlosigkeit und Angst mit all ihren unheilvollen Folgen, wo eigentlich Kraft, Ordnung und Zuversicht herrschen sollten, die die Grundlage für jeden Aufbau sind, ganz gleich, ob es um persönlichen Wohlstand oder um den Nutzen für andere geht.

Aus der Sicht derer, die mit den Gesetzen des spirituellen Lebens vertraut sind, ist ein solcher Mensch von der Wurzel seines eigenen Seins abgeschnitten. Jenseits und weit im Inneren des äußeren Selbst, das jeder von uns als intellektuellen Menschen kennt, der mit dem physischen Gehirn als Instrument arbeitet, haben wir Wurzeln, die tief in das Unendliche eindringen, dessen wir uns in unserem gewöhnlichen Wachzustand nur schemenhaft bewusst sind; und durch diese Wurzel unserer eigenen Individualität, die sich weit in die verborgenen Tiefen des Seins ausbreitet, schöpfen wir aus dem Unsichtbaren jenen unaufhörlichen Strom des Lebens, den wir anschließend durch unsere Gedankenkraft in all jene äußeren Formen differenzieren, die wir brauchen. Daher ist es für jeden Menschen unablässig, die große Wahrheit zu erkennen, dass seine gesamte Individualität auf einer solchen Wurzel beruht und dass der Boden, in den diese Wurzel eingebettet ist, das Universelle Sein ist, für das es keinen anderen Namen gibt als den des Einen allumfassenden ICH BIN.

Die oberste Notwendigkeit für jeden von uns ist es daher, diese grundlegende Tatsache unserer eigenen Natur zu erkennen, denn nur in dem Maße, in dem wir dies tun, leben wir wirklich; und deshalb sollte alles, was uns bei dieser Erkenntnis hilft, sorgfältig gehütet werden. In dem Maße, in dem eine Form der Religion im Falle eines bestimmten Menschen zu diesem Ziel beiträgt, ist sie für ihn wahre Religion. Sie mag unvollkommen sein, aber sie ist wahr, soweit sie reicht. Und es geht nicht darum, das Fundament des Glaubens eines Menschen zu zerstören, weil es schmal ist, sondern es zu erweitern. Und diese Erweiterung erfolgt durch den Menschen selbst, denn es ist ein Wachstum von innen und keine Konstruktion von außen.

Unsere Haltung gegenüber den religiösen Überzeugungen anderer sollte daher nicht die eines Bilderstürmers sein, der rücksichtslos alles niederreißt, was wir aus unserer Sicht als bloßes traditionelles Götzenbild (im Sinne Bacons) betrachten, sondern eher die entgegengesetzte Methode, indem wir das, was wir im Glauben des anderen als positiv und bejahend empfinden, festhalten und ihn allmählich dazu bringen, zu erkennen, worin seine Bejahung besteht; Und dann, wenn er einmal das starke Element in seiner gewohnten Glaubensform erkannt hat, wird die Wahrnehmung des Kontrasts zwischen diesem und den unwesentlichen Zusätzen in seinem Geist spontan wachsen und ihn so allmählich in eine breitere und freiere Atmosphäre bringen. Wenn er einen solchen Prozess durchläuft, werden seine Gedanken nie in einen Kanal gelenkt, der eine Trennung von seiner spirituellen Wurzel und seinem Grund suggeriert, sondern er wird lernen, dass die Verwurzelung und Erdung im Göttlichen, auf die er anfangs vertraute, zwar wahr ist, aber in einem weitaus umfassenderen und größeren Sinne, als er sie sich in seiner frühen Kindheit vorgestellt hatte.

Die Frage ist nicht, inwieweit die religiösen Ansichten eines Menschen einer unerbittlichen Logik standhalten können, sondern inwieweit sie ihn befähigen, seine Einheit mit dem göttlichen Geist zu erkennen. Das ist der lebendige Beweis für den Wert seiner Meinung für ihn selbst, und keine Änderung seiner Meinung kann zum Besseren sein, wenn sie ihn nicht zu einer größeren Erkenntnis der Lebendigkeit des göttlichen Geistes in ihm selbst führt. Damit eine Meinungsänderung eine Vorwärtsbewegung bedeutet, muss sie darauf beruhen, dass wir in gewissem Maße die wahre Natur des Lebens erkennen, das bereits in uns entwickelt ist. Wenn wir erkennen, warum wir so sind, wie wir jetzt sind, können wir nach vorne schauen und sehen, was dasselbe Lebensprinzip, das uns bis zu diesem Punkt gebracht hat, in der Zukunft tun kann. Wir sehen vielleicht nicht sehr weit in die Zukunft, aber wir sehen, wo wir den nächsten Schritt machen müssen, und das reicht aus, um weiterzukommen.

Was wir also tun müssen, ist, anderen zu helfen, aus den Wurzeln zu wachsen, mit denen sie bereits leben, und nicht ihre Wurzeln auszugraben und sie verdorren zu lassen. Wir brauchen keine Angst davor zu haben, allen alles zu bieten, indem wir die positiven Elemente im Glaubensbekenntnis eines jeden zum Ausgangspunkt unserer Arbeit machen, denn das Bejahende und Lebensspendende ist immer wahr, und die Wahrheit ist immer eins und mit sich selbst im Einklang; deshalb brauchen wir keine Angst zu haben, inkonsequent zu sein, solange wir uns an diese Methode halten. Es ist mehr als sinnlos, Zeit damit zu verschwenden, die negativen Aspekte der Überzeugungen anderer Menschen zu analysieren. Dabei laufen wir Gefahr, den Weizen zusammen mit dem Unkraut auszugraben, und es wird uns mit Sicherheit gelingen, die Menschen in die falsche Richtung zu lenken. Wir werden nicht nur unser Temperament bewahren, sondern oft auch große Reserven an positiver Kraft finden, wo wir zunächst nur wertlose Anhäufungen vermutet hatten, und so werden wir sowohl an Geistesgröße als auch an wertvollem Material gewinnen.

Aber als Repräsentanten des New Thought in einem noch so kleinen Bereich sollten wir es uns zum Ziel setzen, anderen zu zeigen, dass ihre Religion nicht falsch ist, sondern dass alles, was sie in ihr finden, lebensspendend ist, weil es Teil der einen Wahrheit ist, die immer dieselbe ist, egal in welcher Form sie ausgedrückt wird. So wie ein halber Laib besser ist als gar kein Brot, so ist eine unwissende Anbetung besser als gar keine Anbetung und ein unwissendes Vertrauen besser als gar kein Vertrauen. Unsere Aufgabe ist es nicht, diesen Glauben und diese Anbetung zu zerstören, sondern sie in ein klareres Licht zu rücken.

Aus diesem Grund können wir allen Suchenden versichern, dass die Aufgabe ihrer gewohnten Gottesdienstform keine Notwendigkeit des New Thought ist, sondern dass im Gegenteil die Prinzipien der Bewegung, wenn sie richtig verstanden werden, ihnen weitaus mehr Bedeutung in diesem Gottesdienst zeigen werden, als sie je erkannt haben. Die Wahrheit ist eins; und wenn die Wahrheit, die der äußeren Form zugrunde liegt, einmal klar verstanden ist, wird die Beibehaltung oder Aufgabe der letzteren eine Frage des persönlichen Gefühls sein, welche Form oder das Fehlen einer Form den Einzelnen am besten in die Lage versetzt, die Wahrheit selbst zu erkennen.

XIII. EINE LEKTION VON BROWNING

Vielleicht kennst du ein kleines Gedicht von Browning mit dem Titel "An Epistle Containing the Strange Medical Experiences of Karshish, the Arab Physician". Die etwas seltsame Vorstellung ist, dass der arabische Arzt, der kurz nach dem Ende des Evangeliums durch Palästina reist, auf Lazarus trifft, den Jesus von den Toten auferweckt hat, und in diesem Brief an einen medizinischen Freund die seltsame Wirkung beschreibt, die seine Vision des anderen Lebens auf den wiederbelebten Mann hatte. Das Gedicht sollte als Ganzes studiert werden, aber für den Moment müssen ein paar ausgewählte Zeilen genügen, um den Charakter der Veränderung zu verdeutlichen, die Lazarus durchgemacht hat. Nachdem er ihn mit einem Bettler verglichen hat, der, nachdem er plötzlich grenzenlosen Reichtum erhalten hat, nicht in der Lage ist, diesen nach seinen Bedürfnissen zu verwenden, fährt Karshish fort: -

"Hier also - wir nennen den Schatz Wissen, sagen wir, das über das fleischliche Vermögen hinausgeht - öffnet sich der Himmel für eine Seele, während sie noch auf der Erde ist, und die Erde zwingt der Seele den Gebrauch auf, während sie den Himmel sieht: Der Mensch ist sich der Größe, der Summe, des Wertes im Verhältnis aller Dinge nicht bewusst."

Tatsächlich ist er sich fast ausschließlich des "geistigen Lebens um das irdische Leben herum" bewusst geworden: Sein Herz und sein Gehirn bewegen sich dorthin, seine Füße bleiben hier", und das Ergebnis ist ein Verlust des geistigen Gleichgewichts, der ihn für die Angelegenheiten des normalen Lebens völlig ungeeignet macht.

Es besteht kein Zweifel daran, dass Browning mit diesem Gedicht eine viel ernstere Absicht verfolgte, als nur eine fantastische Idee festzuhalten, die ihm durch den Kopf schoss. Wenn wir zwischen den Zeilen lesen, muss aus dem allgemeinen Tenor seiner Schriften deutlich werden, dass Browning, wie auch immer er sie erworben haben mag, eine sehr tiefe Vertrautheit mit dem inneren Bereich der geistigen Ursachen hatte, die all das hervorbringen, was wir an äußerlichen Erscheinungen sehen. In seinen Werken finden sich immer wieder Anspielungen auf das Leben hinter dem Schleier, und dieser Andeutung eines Geheimnisses, das seinen Worten zugrunde liegt, verdanken wir die vielen Versuche, seine Bedeutung zu ergründen, die in Browning-Gesellschaften und dergleichen zum Ausdruck kommen - Versuche, die scheitern oder erfolgreich sind, je nachdem, ob sie von "außen" oder von "innen" unternommen werden. Niemand war besser qualifiziert als der Dichter, die immensen Vorteile des inneren Wissens zu erkennen, und aus demselben Grund ist er auch qualifiziert, uns vor den Gefahren auf dem Weg zu seinem Erwerb zu warnen; denn nirgendwo ist es wahrer, dass "ein wenig Wissen eine gefährliche Sache ist", und es ist eine der größten dieser Gefahren, auf die er in diesem Gedicht hinweist.

Mit der Figur des Lazarus beschreibt er den Menschen, der die Realität des Inneren der Dinge praktisch erfasst hat, dem der Schleier genommen wurde und der weiß, dass das Äußere und Sichtbare aus dem Inneren und Geistigen entspringt. Aber die Beschreibung ist die eines Menschen, dessen Augen vom Licht so geblendet wurden, dass er die Fähigkeit verloren hat, seine Sicht auf die Welt der Sinne einzustellen. Er begeht nun denselben Fehler von "innen", den er zuvor von "außen" begangen hat, nämlich anzunehmen, dass es keine lebendige Realität in den Dingen gibt, auf die seine Gedanken nicht unmittelbar gerichtet sind. Dies ist ein Mangel an geistigem Gleichgewicht, der sich darin äußert, dass er dem Inneren oder dem Äußeren die Realität verweigert. Wer so sehr in spekulative Ideen vertieft ist, dass er sie im täglichen Leben nicht umsetzen kann, lässt zu, dass unsere höchsten Gedanken in Träumen verpuffen.

In der einfachen Feststellung, dass es kein Innen ohne ein Außen und kein Außen ohne ein Innen geben kann, steckt eine Menge Philosophie. Das eine ist ohne das andere nur eine Abstraktion, die keine wirkliche Existenz hat und die wir nur getrennt betrachten, um die logischen Schritte zu überprüfen, durch die sie als Ursache und Wirkung miteinander verbunden sind. Die Natur trennt sie nicht, denn sie sind untrennbar; und das Gesetz der Natur ist das Gesetz des Lebens. Es wird von Pythagoras berichtet, dass er, nachdem er seine Gelehrten zu den schwindelerregendsten Höhen des inneren Wissens geführt hatte, nie versäumte, ihnen die umgekehrte Lektion einzuprägen, nämlich die Schritte nachzuvollziehen, durch die sich diese inneren Prinzipien in die vertrauten Bedingungen der äußeren Dinge, von denen wir umgeben sind, übertragen. Der Prozess der Analyse ist lediglich ein Hilfsmittel, um herauszufinden, welche Quellen im Bereich der Ursachen wir berühren müssen, um bestimmte Wirkungen im Bereich der Manifestation zu erzielen. Das reicht aber nicht aus. Wir müssen auch lernen, zu berechnen, wie diese bestimmten Wirkungen, wenn sie erzeugt werden, zu der Welt der bereits existierenden Wirkungen stehen, in die wir sie einführen wollen, wie sie diese verändern und von diesen wiederum verändert werden; und diese Berechnung der Wirkungen ist genauso notwendig wie die Kenntnis der Ursachen.

Wir können uns nicht genug einprägen, dass die Wirklichkeit aus einem Innen und einem Außen besteht, aus einem erzeugenden Prinzip und einer erzeugten Bedingung, und dass alles, was nicht der Realität der Ganzheit entspricht, auf der einen oder der anderen Seite eine Illusion ist. Nichts lag Brownings Absicht ferner, als die Wahrheitssuchenden davon abzuhalten, die Prinzipien des Seins zu studieren, denn ohne die Kenntnis dieser Prinzipien muss die Wahrheit immer in ein Geheimnis gehüllt bleiben. Und wir müssen uns vor allem daran erinnern, dass die Seele des Lebens die Liebe ist und dass die Liebe sich durch Dienen zeigt und dass das Dienen aus dem Mitgefühl erwächst, das heißt aus der Fähigkeit, die Dinge aus der Sicht derer zu sehen, denen wir helfen wollen, und sie gleichzeitig in ihren wahren Beziehungen zu sehen; wenn wir also die Liebe verwirklichen wollen, die das innerste belebende Prinzip selbst der innersten Kräfte ist, müssen wir sie am Leben erhalten, indem wir das äußere Leben als ebenso real ansehen wie die inneren Prinzipien, deren Ausdruck es ist.

XIV. DER GEIST DER OPULENZ

Es ist ein großer Fehler anzunehmen, dass wir uns selbst einschränken müssen, um größere Kraft oder Nützlichkeit zu entwickeln. So entsteht die Vorstellung, dass die göttliche Kraft so begrenzt ist, dass wir sie am besten durch eine Politik der Selbstentbehrung nutzen können, sei es materiell oder geistig. Wenn wir glauben, dass wir uns in irgendeiner Form selbst aushungern müssen, um gute Arbeit zu leisten, dann ist das für uns auch tatsächlich so, solange wir diesen Glauben hegen. "Alles, was nicht aus dem Glauben kommt - also nicht mit unserer ehrlichen Überzeugung übereinstimmt -, ist Sünde. Wenn wir im Gegensatz zu dem handeln, was wir wirklich glauben, erwecken wir den Eindruck, dass wir uns dem göttlichen Geist widersetzen, was zwangsläufig unsere Bemühungen lähmt und uns mit einer trüben Atmosphäre von Misstrauen und Freudlosigkeit umgibt.

Wenn wir die Gründe für diesen Glauben untersuchen, werden wir feststellen, dass er auf einem völlig falschen Verständnis der Natur unserer eigenen Macht beruht. Wenn wir uns darüber im Klaren sind, dass unsere schöpferische Kraft unbegrenzt ist, gibt es keinen Grund, die Freude an dem, was wir mit ihrer Hilfe schaffen können, zu begrenzen. Wenn wir aus dem Unendlichen schöpfen, brauchen wir keine Angst zu haben, mehr als unseren Anteil zu nehmen. Darin liegt nicht die Gefahr. Die

Gefahr besteht darin, dass wir unseren eigenen Reichtum nicht ausreichend erkennen und die äußeren Produkte unserer schöpferischen Kraft als den wahren Reichtum ansehen, anstatt die schöpferische Kraft des Geistes selbst.

Wenn wir diesen Irrtum vermeiden, brauchen wir uns nicht zu beschränken, wenn wir uns aus dem unendlichen Vorrat nehmen, was wir wollen: "Alle Dinge sind dein." Um diesen Fehler zu vermeiden, müssen wir erkennen, dass der wahre Reichtum darin besteht, dass wir uns mit dem Geist der Opulenz identifizieren. Wir müssen in unseren Gedanken üppig sein. Denke nicht "an Geld", denn das ist nur ein Mittel zum Reichtum, sondern denke an Reichtum, d. h. an Großzügigkeit, Großzügigkeit, Großzügigkeit, und du wirst feststellen, dass dir die Mittel zur Verwirklichung dieses Gedankens von überall her zufließen werden, sei es in Form von Geld oder in Form von hundert anderen Dingen, die man nicht in Geld aufwiegen kann.

Wir dürfen uns nicht von einer bestimmten Form des Reichtums abhängig machen oder darauf bestehen, dass er auf einem bestimmten Weg zu uns kommt - das würde eine Einschränkung bedeuten und andere Formen des Reichtums ausschließen und andere Wege verschließen; aber wir müssen uns auf den Geist des Reichtums einlassen. Der Geist ist das Leben, und im gesamten Universum besteht das Leben letztlich aus einem Kreislauf, ob im physischen Körper des Einzelnen oder im Maßstab des gesamten Sonnensystems; und Kreislauf bedeutet ein ständiges Umherfließen, und der Geist des Reichtums ist keine Ausnahme von diesem universellen Gesetz allen Lebens.

Wenn uns dieses Prinzip einmal klar geworden ist, werden wir sehen, dass unsere Aufmerksamkeit eher auf das Geben als auf das Nehmen gerichtet sein sollte. Wir müssen uns selbst nicht als Kummerkasten betrachten, den wir zu unserem eigenen Nutzen verschlossen halten, sondern als Verteilungszentrum; und je besser wir unsere Funktion als solches erfüllen, desto größer wird der entsprechende Zufluss sein. Wenn wir den Auslass verstopfen, muss der Strom nachlassen, und ein voller und freier Fluss kann nur erreicht werden, wenn wir ihn offen halten. Der Geist der Opulenz - also die opulente Denkweise - besteht darin, das Gefühl zu kultivieren, dass wir alle Arten von Reichtümern besitzen, die wir an andere weitergeben können, und die wir großzügig verteilen können, weil wir dadurch den Weg für noch größere Zuflüsse öffnen. Aber du sagst: "Ich bin knapp bei Kasse, ich weiß kaum, wie ich das Nötigste bezahlen soll. Was soll ich denn geben?"

Die Antwort ist, dass wir immer von dem Punkt ausgehen müssen, an dem wir uns befinden. Wenn dein Reichtum im Moment nicht auf der materiellen Ebene liegt, brauchst du dich nicht darum zu bemühen, auf dieser Ebene anzufangen. Es gibt andere, noch wertvollere Arten von Reichtum auf der spirituellen und intellektuellen Ebene, die du verschenken kannst; und du kannst von diesem Punkt aus beginnen und den Geist der Opulenz praktizieren, auch wenn dein Kontostand auf der Bank gleich null ist. Und dann wird sich das universelle Gesetz der Anziehung durchsetzen. Du wirst nicht nur auf der spirituellen und intellektuellen Ebene einen Zustrom erleben, sondern er wird sich auch auf die materielle Ebene ausdehnen.

Wenn du den Geist des Reichtums erkannt hast, kannst du nicht anders, als materielle Güter und den höheren Reichtum, der nicht mit Geld gemessen werden kann, zu dir zu ziehen. Und weil du den Geist des Reichtums wirklich verstehst, wirst du weder diese Form des Gutes verachten noch ihm einen Wert zuschreiben, der ihm nicht zusteht, sondern du wirst es mit deinen anderen, innerlicheren Formen des Reichtums koordinieren, um es zu einem materiellen Instrument zu machen, das den Weg für ihren vollkommeneren Ausdruck ebnet. Auf diese Weise wird der materielle Reichtum mit dem geistigen und intellektuellen Reichtum eins und muss nicht mehr gemieden und gefürchtet werden, als dass man ihn um seiner selbst willen sucht.

Nicht das Geld, sondern die Liebe zum Geld ist die Wurzel des Übels, und der Geist des Überflusses ist genau die Geisteshaltung, die am weitesten von der Liebe zum Geld um seiner selbst willen entfernt ist. Er glaubt nicht an Geld. Woran er glaubt, ist das großzügige Gefühl, das sich aus der intuitiven Erkenntnis des großen Gesetzes der Zirkulation ergibt und das sich bei jeder Unternehmung nicht zuerst fragt: "Wie viel will ich damit verdienen?", sondern: "Wie viel will ich damit erreichen? Wenn wir dies zur ersten Frage machen, wird das Erhalten mit einer großzügigen Fülle und mit einer Spontaneität und Richtungsweisung einfließen, die fehlen, wenn unser erster Gedanke nur dem Empfangen gilt.

Wir sind nicht dazu aufgerufen, das zu geben, was wir noch nicht haben, und uns zu verschulden, sondern wir sollen großzügig von dem geben, was wir haben, in dem Wissen, dass wir damit das Gesetz des Kreislaufs in Gang setzen, und wenn dieses Gesetz uns einen immer größeren Zustrom von Gütern aller Art beschert, wird auch unser Geben zunehmen, und zwar nicht dadurch, dass wir uns selbst einer Erweiterung unseres eigenen Lebens berauben, die wir uns wünschen, sondern dadurch, dass jede Erweiterung uns zu einem mächtigeren Instrument für die Erweiterung des Lebens anderer macht. "Leben und leben lassen" ist das Motto des wahren Reichtums.

XV. SCHÖNHEIT

Richten wir unsere Gedanken ausreichend auf das Thema "Schönheit"? Ich glaube nicht. Wir neigen zu sehr dazu, Schönheit nur als etwas Oberflächliches zu betrachten, und erkennen nicht, was sie alles beinhaltet. Das war bei den großen Denkern der antiken Welt nicht der Fall - siehe den Platz, den kein Geringerer als Platon der Schönheit als Ausdruck des Höchsten und Größten im System des Universums einräumt. Diese großen Männer der Antike waren keine oberflächlichen Denker und hätten daher niemals das, was nur oberflächlich ist, an die oberste Stelle gesetzt. Wir tun daher gut daran, uns zu fragen, was es ist, das diese großen Denker an der Idee der Schönheit fanden, die sie als den perfektesten äußeren Ausdruck all dessen, was in den grundlegenden Gesetzen des Seins am tiefsten liegt, so anziehend machte. Es liegt daran, dass Schönheit, wenn sie richtig verstanden wird, die höchste lebendige Qualität des Denkens darstellt. Sie ist das glorreiche Überfließen der Fülle der Liebe, die auf die unendlichen Kraftreserven dahinter hinweist. Sie ist die freudige Fülle, die den Besitz unerschöpflicher Reichtümer anzeigt, die es sich leisten können, so verschwenderisch zu sein und doch so unerschöpflich zu bleiben wie zuvor. Richtig gelesen, ist Schönheit der Hinweis auf die ganze Natur des Seins.

Schönheit ist die Äußerung von Harmonie, und Harmonie ist das koordinierte Wirken aller Kräfte des

Seins, sowohl im Individuum als auch in der Beziehung des Individuums zum Unendlichen, aus dem es entspringt; und deshalb führt uns diese Harmonie sofort in die Gegenwart des innersten undifferenzierten Lebens. So steht die Schönheit in unmittelbarer Berührung mit dem Arkanum des Lebens; sie ist der Glanz der Herrlichkeit, der sich über dem Heiligtum des göttlichen Geistes ausbreitet. Denn wenn die Schönheit von außen betrachtet die Domäne des Künstlers und des Dichters ist, wenn sie unsere Emotionen ergreift und direkt an die innersten Gefühle unseres Herzens appelliert, wenn sie die Antwort desjenigen in uns hervorruft, der sich in der von außen wahrgenommenen Harmonie wiedererkennt, dann nur deshalb, weil sie mit so schnellen Füßen über die Brücke der Vernunft eilt, dass wir im Handumdrehen vom Äußersten zum Innersten und wieder zurück gelangen; Aber die Brücke ist immer noch da, und wenn wir unsere Schritte gemächlicher zurückverfolgen, werden wir feststellen, dass die Schönheit von innen betrachtet nicht weniger dem ruhigen Denker und Analytiker vorbehalten ist. Was der Dichter und der Künstler intuitiv erfassen, arbeitet er allmählich aus, aber das Ergebnis ist in beiden Fällen dasselbe; denn keine Intuition ist wahr, die sich nicht zu einer rationalen Abfolge verständlicher Faktoren ausweiten ließe, und kein Argument ist wahr, das sich nicht zu der schnellen Suggestion verdichten ließe, die die Intuition ist.

So stellen sowohl der leidenschaftliche Künstler als auch der ruhige Denker fest, dass die einzig wahre

Schönheit ganz natürlich aus der tatsächlichen Konstruktion dessen hervorgeht, was sie ausdrückt. Sie ist nicht etwas, das im Nachhinein hinzugefügt wird, sondern etwas, das bereits in der ursprünglichen Idee vorhanden ist, etwas, zu dem diese Idee auf natürliche Weise hinführt und das diese Idee voraussetzt, um ihr eine Daseinsberechtigung zu geben. Der Test der Schönheit ist: Was drückt sie aus? Ist sie nur ein Furnier, ein Anstrich, der von außen aufgetragen wird? Dann ist sie in der Tat nichts anderes als ein weißes Grab, eine Hülle, die die Leere oder Missbildung verbergen soll, die es zu beseitigen gilt. Aber ist es das wahre und natürliche Ergebnis dessen, was unter der Oberfläche liegt? Dann ist sie der Hinweis auf das überragende Leben, die Liebe und die Intelligenz, die sich nicht mit bloßem Nützlichkeitsdenken begnügt und sich beeilt, so schnell wie möglich von der Arbeit des Bauens loszukommen, wie von einer erzwungenen und unwillkommenen Aufgabe, sondern die sich über ihr Werk freut und nicht eher aufhören will, bis sie diese Freude in jedem noch so passenden Hauch von Form und Farbe und exquisiter Proportion zum Ausdruck gebracht hat, den das Material zulässt, und das, ohne auch nur um Haaresbreite von der ursprünglichen Absicht des Entwurfs abzuweichen.

Wo immer wir also Schönheit finden, können wir auf eine enorme Kraftreserve dahinter schließen; wir können sie sogar als den sichtbaren Ausdruck der großen Wahrheit betrachten, dass die Lebenskraft unendlich ist. Und wenn uns die innere Bedeutung der Schönheit auf diese Weise offenbart wird und wir lernen, sie als die Fülle und das Überfließen der Kraft zu erkennen, werden wir feststellen, dass wir einen neuen Maßstab für die Führung unseres eigenen Lebens gewonnen haben. Wir müssen beginnen, diesen wunderbaren Prozess, den wir von der Natur gelernt haben, zu nutzen. Wenn wir gelernt haben, wie die Natur arbeitet - wie Gott arbeitet -, müssen wir anfangen, auf die gleiche Weise zu arbeiten, und wir dürfen keine Arbeit als abgeschlossen betrachten, bevor wir sie nicht zu einem schönen Endergebnis gebracht haben, sei es materiell, geistig oder spirituell. Ist meine Absicht gut? Das ist die erste Frage, denn die Absicht bestimmt die Natur der Essenz in allem. Was ist die schönste Form, in der ich das Gute, das ich beabsichtige, ausdrücken kann? Das ist die letzte Frage, denn die wahre Schönheit, die unsere Arbeit zum Ausdruck bringt, ist das Maß für die Kraft, Intelligenz, Liebe - kurz gesagt, für die Quantität und Qualität unseres eigenen Lebens, die wir in sie hineingelegt haben. Wahre Schönheit, wohlgemerkt, ist das, was schön ist, weil es die ursprüngliche Idee am perfektesten zum Ausdruck bringt, und nicht eine bloße Verzierung, die unsere Gedanken beschäftigt und nichts mit dem beabsichtigten Zweck zu tun hat.

Nichts ist so unbedeutend, als dass es nicht in einer ganz eigenen Form von Schönheit zum Ausdruck kommen könnte. Schönheit ist das Gesetz des vollkommenen Denkens, sei es ein Plan, der das Wohlergehen von Millionen von Menschen betrifft, oder ein Wort, das zu einem kleinen Kind gesprochen wird. Wahre Schönheit und wahre Kraft bedingen sich gegenseitig. Ein freundlicher Ausdruck hat seinen Ursprung in einem freundlichen Gedanken, und ein freundlicher Ausdruck ist die Essenz der Schönheit, die, wenn sie sich immer perfekter ausdrücken will, zu jenem feinen Hauch von Mitgefühl wird, der künstlerisches Können ausmacht, sei es bei der Arbeit an materiellen Dingen oder an den Gefühlen des Herzens. Aber denk daran: Erst der Nutzen, dann die Schönheit, und nichts ist vollständig ohne das andere. Vergiss jedoch nie, dass es einen Bereich des Geistes gibt, in dem der Nutzen in der Schönheit liegt, wo die Schönheit selbst dem direkten Zweck dient, uns ein höheres Ideal vor Augen zu führen, das von da an unser Leben durchdringt und allem, was wir denken, sagen und tun, eine lebendigere Qualität verleiht.

So gesehen ist das Schöne der wahre Ausdruck des Guten. Egal, von welchem Ende der Skala aus wir schauen, wir werden feststellen, dass sie einander genau messen. Sie sind im Äußersten und im Innersten das Gleiche. Aber bei unserer Suche nach einer höheren Schönheit, als wir sie bisher gefunden haben, müssen wir uns davor hüten, die Schönheit zu übersehen, die bereits existiert. Vollkommene Harmonie mit der Umgebung und der perfekte Ausdruck der eigenen inneren Natur machen die Schönheit aus. Und unsere Unkenntnis über die Natur der Sache oder ihrer Umgebung kann uns die Augen vor der Schönheit verschließen, die sie bereits besitzt. Es bedarf des Genies eines Millet in der Malerei oder eines Whitman in Worten, um uns die Schönheit der alltäglichen Figuren zu zeigen, von denen unsere Welt größtenteils bevölkert ist und an deren Originalen wir vorbeigehen, weil sie keine Form oder Anmut haben. Sicherlich ist es die Aufgabe eines jeden denkenden Mannes und einer jeden denkenden Frau, dazu beizutragen, dass überall Formen von größerer Schönheit entstehen, sei es geistig, intellektuell oder materiell. Aber wenn wir etwas Großartigeres schaffen wollen als Watteau-Gärten oder Dresdner Porzellanhirtinnen, müssen wir in die große realistische Schule der Natur eintreten und lernen, die Schönheit zu erkennen, die uns bereits umgibt, auch wenn sie ein wenig Schmutz auf der Oberfläche haben mag. Dann, wenn wir die großen Prinzipien der Schönheit vom Allgeist, der sie ist, gelernt haben, werden wir wissen, wie wir die Schönheit in ihren eigenen Linien entwickeln können, ohne den Schmutz zu verewigen; und wir werden wissen, dass alle Schönheit der Ausdruck der lebendigen Kraft ist und dass wir unsere Kraft an dem Grad der Schönheit messen können, in den wir sie verwandeln können, so dass unser Leben "durch die Lieblichkeit vollkommener Taten stärker ist als alle poetischen Gedanken."

XVI. TRENNUNG UND EINHEIT

I

"Der Fürst dieser Welt kommt, und hat nichts an mir" (Johannes xiv, 30). Mit diesen Worten gibt uns der Großmeister der Göttlichen Wissenschaft den Schlüssel zum Großen Wissen. Ein Vergleich mit anderen Passagen zeigt, dass die Begriffe "Fürst" und "Welt" auch mit "Prinzip" und "Zeitalter" übersetzt werden können. Jesus spricht hier von einem Prinzip des gegenwärtigen Zeitalters, das dem Prinzip, dessen sichtbarer Ausdruck er selbst war, so sehr widerspricht, dass es keinen Anteil an ihm hat. Es ist der völlige Widerspruch zu allem, was Jesus lehren und vorleben wollte. Jesus sagte von sich selbst, dass er gekommen sei, "um die Wahrheit zu bezeugen" und damit die Menschen "das Leben haben und es in Fülle haben"; folglich muss das Prinzip, auf das er sich bezieht, das genaue Gegenteil von Wahrheit und Leben sein - nämlich das Prinzip der Falschheit und des Todes.

Was ist also dieses falsche und zerstörerische Prinzip, das die heutige Zeit beherrscht? Wenn wir den Kern der gesamten Rede betrachten, die mit diesen Worten endet, werden wir feststellen, dass der zentrale Gedanke, den Jesus seinen Jüngern bei ihrem letzten Treffen vor der Kreuzigung eindringlich vermitteln wollte, die absolute Identität und das völlige Einssein von "Vater" und "Sohn" ist, das Prinzip der vollkommenen Einheit von Gott und Mensch. Wenn dies die große Wahrheit war, die er seinen Jüngern so eindringlich einprägen wollte, als seine körperliche Anwesenheit so kurz bevorstand - die Wahrheit der Einheit -, können wir dann nicht vernünftigerweise davon ausgehen, dass die Behauptung des Getrenntseins, die Behauptung, dass Gott und Mensch nicht eins sind, die entgegengesetzte Lüge ist? Die Idee der Getrenntheit ist genau das Prinzip, von dem die Welt von damals bis heute ausgeht - die Annahme, dass Gott und Mensch nicht eins sind und dass die Materie ein anderes Wesen hat als der Geist. Mit anderen Worten: Das Prinzip, das bei den Intellektuellen der heutigen Zeit Anklang findet, ist das der Dualität - die Vorstellung, dass zwei Mächte und zwei Substanzen, die einander entgegengesetzt sind und sich daher widersprechen, alle Dinge durchdringen und somit nirgendwo eine Ganzheit hinterlassen.

Die ganze Bibel ist darauf ausgerichtet, die Vorstellung von zwei gegensätzlichen Kräften in der Welt zu bekämpfen. Die frohe Botschaft ist die der "Versöhnung" (2. Korinther 18), und dort heißt es auch, dass "alles von Gott kommt" und somit kein Platz für eine andere Kraft oder eine andere Substanz bleibt. Die große Lüge, die die frohe Botschaft aufdecken soll, wird überall in der Bibel als die Vorstellung einer Dualität verkündet, die eine andere Lebensform darstellt, die nicht das eine Leben ist, sondern etwas davon Getrenntes - eine Vorstellung, die man nicht klar ausdrücken kann, ohne einen Widerspruch in den

Begriffen zu erzeugen. Überall in der Bibel wird die Fiktion der Dualität der Trennung als große Lüge entlarvt, aber nirgendwo so nachdrücklich und konzentriert wie in jener wunderbaren Stelle der Offenbarung, wo sie in der geheimnisvollen Zahl des Tieres dargestellt wird. "Wer Verstand hat, der zähle die Zahl des Tieres ... und seine Zahl ist sechshundertsechsundsechzig" (Offb. xiii, 18, R.V.). Ich möchte auf das große Prinzip hinweisen, das in dieser geheimnisvollen Zahl zum Ausdruck kommt. Es gibt noch andere, speziellere Anwendungen, aber dieses eine allgemeine Prinzip liegt ihnen allen zugrunde.

Es ist eine bewährte Maxime, dass jede Einheit in sich eine Dreifaltigkeit enthält, so wie der einzelne Mensch aus Körper, Seele und Geist besteht. Wenn wir etwas vollkommen verstehen wollen, müssen wir in der Lage sein, es in seiner dreifachen Beschaffenheit zu begreifen; deshalb bedeutet in der symbolischen Zahlenkunde die Multiplikation der Einheit mit drei die Vollständigkeit dessen, wofür die Einheit steht; und die dreifache Wiederholung einer Zahl stellt ihre Ausdehnung ins Unendliche dar. Was ergibt sich nun, wenn wir diese repräsentativen Methoden des numerischen Ausdrucks auf die Prinzipien des Einsseins bzw. des Getrenntseins anwenden? Das Einssein ist die Einheit, und 1×3=3, was in seiner höchsten Ausprägung als 333 geschrieben wird. Wenden wir nun die gleiche Methode auf die Idee des Getrenntseins an. Das Getrenntsein besteht aus einem und einem anderen, von denen jedes nach dem universellen

Gesetz eine Dreiheit enthält. In dieser Sichtweise der Dualität ist die Gesamtheit der Dinge zwei, und $2 \times 3 = 6$. Wenn wir dies zu seinem höchsten Ausdruck steigern, erhalten wir 666, die Zahl des Tieres.

Warum die Zahl des Tieres? Weil die Trennung von Gott oder die Dualität der Opposition, die auch eine Dualität der Polarität ist, die Dual-Unität, etwas als wesentliches Wesen anerkennt, das nicht der Eine Geist ist; und eine solche Vorstellung kann verbal nur durch ein Wort wiedergegeben werden, das nach allgemeiner Auffassung etwas darstellt, das nicht nur niedriger als das Göttliche, sondern auch niedriger als das Menschliche ist. Das liegt daran, dass die Vorstellung von sich selbst als einem von Gott getrennten Wesen, wenn sie zu ihren legitimen Konsequenzen geführt wird, letztlich alle, die sie vertreten, in einen Zustand versetzen muss, in dem offene Wildheit oder geheime Gerissenheit, die Tigernatur oder die Schlangennatur, die einzig mögliche Handlungsregel sein kann.

So kann das Prinzip des gegenwärtigen Zeitalters nichts mit dem Prinzip der Vollkommenen Ganzheit zu tun haben, das der Große Meister in seiner Lehre und in sich selbst verkörpert hat. Die beiden Ideen sind absolut unvereinbar, und welches Prinzip wir auch immer zu unserem Leitprinzip machen, es muss das andere völlig ausschließen; wir können nicht Gott und dem Mammon dienen. So etwas wie eine partielle Ganzheit gibt es nicht. Entweder befinden wir uns noch im Prinzip des

Getrenntseins, und unsere Augen sind noch nicht für das wahre Wesen des Himmelreichs geöffnet, oder wir haben das Prinzip der Einheit ohne jede Ausnahme erfasst, und das Eine Wesen schließt alles ein, den Körper und die Seele gleichermaßen, die sichtbare Form und die unsichtbare Substanz und das Leben aller gleichermaßen; nichts kann ausgelassen werden, und wir stehen hier und jetzt vollständig da, es fehlt uns an keiner Fähigkeit, sondern wir müssen uns nur unserer eigenen Kräfte bewusst werden und lernen, ihnen zu vertrauen, indem wir sie "durch Gebrauch ausüben lassen".

Die folgende Mitteilung von "A Foreign Reader" kommentiert die Zahl des Tieres, wie sie von Richter Troward in "Separation and Unity" behandelt wird, und ist dem EXPRESSION von 1902 entnommen, in dem sie erstmals veröffentlicht wurde. Im Folgenden findest du die Antwort von Richter Troward auf diesen Brief.

Sehr geehrter Herr Redakteur. - Ein Korrespondent in der aktuellen Ausgabe des Expression weist darauf hin, dass in der Offenbarung die Zahl 666 als das Zeichen des Tieres bezeichnet wird, weil die Dreifaltigkeit von Geist, Seele und Körper, wenn sie als Einheit betrachtet wird, durch die Zahlen 333 ausgedrückt werden kann und die Dualität somit $333 \times 2 = 666$ ist.

Ich denke, die Umkehrung des Satzes ist noch verblüffender, und ich möchte darauf hinweisen. Anstatt zu multiplizieren, lass uns versuchen zu dividieren. Nimm zunächst die Einheit eins und teile durch drei (was natürlich die gleiche Formel darstellt, nämlich Geist, Seele und Körper). Ausgedrückt durch einen gewöhnlichen Bruch ist das lediglich 1/3, was eine unvollständige mathematische Zahl ist. Nimmt man aber die Dezimalformel von eins geteilt durch drei, kommt man auf .3 umlaufend, also .3333 bis ins Unendliche. Mit anderen Worten: Das Ergebnis des mathematischen Satzes ist, dass du diese Formel von Geist, Seele und Körper in eine Einheit teilst und sie sich selbst ad infinitum treu bleibt.

Nun kommen wir dazu, sie auf die gleiche Weise als Dualität zu betrachten. Ausgedrückt als gewöhnlicher Bruch ist es 2/3; aber als Dezimalbruch ist es .6666 ad infinitum. Ich denke, das ist es wert, festgehalten zu werden.

Mit freundlichen Grüßen,
Ein ausländischer Leser.
Brüssel, 14. August 1902.

Liebe Redaktion. - Ich bedanke mich für den sehr interessanten Brief, den ich zusammen mit Ihrem erhalten habe, und freue mich sehr, dass mein Artikel dazu beigetragen hat, dieses Thema weiter zu beleuchten.

Er veranschaulicht außerdem hervorragend ein großes Prinzip der Einheit, nämlich dass sich die Einheit in jedem ihrer Teile wiederholt, so dass jeder Teil für sich genommen ein genaues Abbild (in Prinzipien) der größeren Einheit ist, von der er ein Teil ist. Wenn du also den einzelnen Menschen als Einheit nimmst (was ich getan habe) und durch Multiplikation vorgehst, erhältst du die Ergebnisse, die ich in meinem Artikel dargelegt habe. Nimmst du dagegen die Große Einheit des Alls als Einheit und nimmst die Division, kommst du zu dem Ergebnis, das dein Auslandskorrespondent beschrieben hat. Das Prinzip ist rein mathematisch und in der vorliegenden Anwendung äußerst interessant, denn es zeigt, dass es ein System verborgener Mathematik gibt, das sich durch die ganze Bibel zieht. Das bestätigt meine Aussage in meinem Artikel, dass es noch andere Anwendungen des fraglichen Prinzips gibt, auch wenn mir diese damals nicht in den Sinn kam.

Ich bin Ihrem Korrespondenten zu großem Dank verpflichtet, weil er damit einen weiteren Beweis für die Richtigkeit meiner Interpretation der Zahl des Tieres geliefert hat. Unsere beiden Auslegungen stützen sich gegenseitig, denn sie sind lediglich verschiedene Arten, dasselbe zu sagen, und sie haben den Vorteil, dass sie sich nicht auf eine bestimmte Form des Bösen beziehen, sondern ein allgemeines Prinzip ausdrücken, das für alle gleichermaßen gilt.

Mit freundlichen Grüßen, T.

London, Aug. 30, 1902

II

Vielleicht wird es noch deutlicher, wenn ich meine Leser daran erinnere, dass es der Konflikt zwischen den Prinzipien der Einheit und der Trennung war, der zur Kreuzigung Jesu führte. Wir müssen zwischen der Anklage, die wirklich zu seinem Tod führte, und der rein technischen Anklage, aufgrund derer er vom römischen Statthalter verurteilt wurde, unterscheiden. Die letztere - die Anklage des Widerstands gegen die königliche Autorität Cäsars - hat ihre Bedeutung, aber aus dem biblischen Bericht geht klar hervor, dass es sich dabei nur um eine formale Anklage handelte, da der wahre Grund für die Verurteilung in der Aussage der Hohenpriester enthalten war: "Wir haben ein Gesetz, und nach unserem Gesetz muss er sterben, weil er sich als Sohn Gottes ausgegeben hat."

Der Gegensatz zwischen den beiden Prinzipien der Einheit und der Trennung war zum ersten Mal offen zutage getreten, als Jesus die denkwürdige Erklärung abgab: "Ich und mein Vater sind eins." Die Juden hoben Steine auf, um ihn zu steinigen. Da sagte Jesus zu ihnen: "Viele gute Werke habe ich euch von meinem Vater gezeigt; für welches dieser Werke steinigt ihr mich?" Die Juden antworteten: "Um eines guten Werkes willen steinigen wir dich nicht, sondern wegen Gotteslästerung, und weil du dich als Mensch zu Gott machst." Jesus sagte: "Steht nicht in eurem Gesetz geschrieben: Ich habe gesagt, dass ihr Götter seid? Wenn er sie Götter nannte, zu denen das Wort Gottes kam (und die Schrift kann nicht gebrochen werden), sagt ihr dann von dem, den der Vater geheiligt und in die Welt gesandt hat, dass ihr ihn lästert, weil ich gesagt habe: Ich bin der Sohn Gottes?" Hier haben wir den ersten offenen Waffengang zwischen den beiden gegensätzlichen Prinzipien, der zum Schauplatz von Golgatha als dem letzten Zeugnis Jesu für das Prinzip der Einheit führte. Er starb, weil er die Wahrheit behauptete, dass er eins mit dem Vater war. Das war die Hauptanklage, wegen der er hingerichtet wurde. "Bist du der Sohn des Gesegneten?", wurde er vom priesterlichen Tribunal gefragt, und die Antwort war klar und eindeutig: "Ich bin es. Da sagte der Rat: "Er hat Gotteslästerung gesprochen, wozu brauchen wir noch Zeugen?" Und sie verurteilten ihn alle zum Tode verurteilt.

Jesus ließ sich nicht auf einen offensichtlich nutzlosen Streit mit Richtern ein, deren Geist so sehr in der Idee des Dualismus verwurzelt war, dass sie für jede andere Vorstellung unempfänglich waren. Deshalb wurde an eine Stelle in den Psalmen appelliert, mit der sie alle vertraut waren, und darauf hingewiesen, dass die Personen, an die das göttliche Wort gerichtet war, von dem göttlichen Sprecher selbst als "Götter" bezeichnet wurden. Die Unumstößlichkeit dieser Tatsache wurde durch die Betonung der "unverbrüchlichen Schrift" unterstrichen, und die Bedeutung der Aussage wurde durch das Argument, das Jesus daraus ableitete, deutlich. Er sagt nämlich: "Ihr würdet mich als Gotteslästerer steinigen, wenn ich von mir selbst sagen würde, was eure eigene Schrift über jeden von euch sagt." Die Behauptung der Einheit mit "dem Vater", so drängt er, war keine einzigartige Behauptung, sondern eine, die die Schrift, wenn sie richtig verstanden wurde, jedem seiner Zuhörer zugestand.

Und so stellen wir immer wieder fest, dass Jesus nirgends einen Anspruch für sich selbst erhebt, den er nicht auch für diejenigen erhebt, die seine Lehre annehmen. Sagt er zu den Juden: "Ihr seid von dieser Welt; ich bin nicht von dieser Welt?" Genauso sagt er von seinen Jüngern: "Sie sind nicht von der Welt, wie auch ich nicht von der Welt bin." Sagt er: "Ich bin das Licht der Welt"? Genauso sagt er: "Ihr seid das Licht der Welt." Sagt er: "Ich und mein Vater sind eins"? Genauso betet er, dass sie alle eins sind, so wie wir eins sind. Wird er "der Sohn Gottes" genannt? Dann schreibt Johannes: "Denen gab er Macht, Söhne Gottes zu werden, die an seinen Namen glauben", und mit dem Glauben an den Namen ist sicherlich der Glaube an das Prinzip gemeint, für das der Name steht.

Die wesenhafte Einheit von Gott und Mensch ist also die eine Tatsache, die die gesamte Lehre Jesu durchdringt. Er selbst war der lebendige Ausdruck dieses Prinzips. Er berief sich auf seine Wunder als Beweise dafür: "Der Vater ist es, der die Werke tut." Sie war der Inhalt seiner letzten Rede mit seinen Jüngern in der Nacht, in der er verraten wurde. Es ist die Wahrheit, für die zu zeugen, wie er Pilatus sagte, der Zweck seines Lebens war. Für diese Wahrheit starb er und durch die lebendige Kraft dieser

Wahrheit stand er wieder auf. Das Ziel seiner Mission war es, die Menschen zu lehren, ihre Einheit mit Gott und die sich daraus ergebenden Konsequenzen zu erkennen. Er wollte sie von der Vorstellung des Dualismus abbringen, der eine unüberwindbare Barriere zwischen Gott und den Menschen errichtet und damit jede wahre Vorstellung vom Prinzip des Lebens unmöglich macht, und sie zu einer klaren Erkenntnis des innersten Wesens des Lebens führen, das in der innewohnenden Identität jedes Einzelnen mit dem unendlichen, alles durchdringenden Geist des Lebens besteht, den er "den Vater" nannte.

"Die Rebe kann keine Frucht tragen, wenn sie nicht am Weinstock bleibt." Die Kraft, Frucht zu tragen, zu produzieren und zu geben, hängt ganz davon ab, dass der Einzelne genauso ein organischer Teil des Universellen Geistes ist und bleibt, wie die fruchttragende Rebe ein organischer Teil des Stammes ist. Wenn wir diese Vorstellung verlieren und Gott als einen rein äußeren Schöpfer betrachten, der uns zwar befehlen kann oder sich sogar manchmal von unseren Schreien und Bitten bewegen lässt, haben wir die Wurzel der Lebendigkeit und damit jede Möglichkeit des Wachstums oder der Freiheit verloren. Das ist Dualismus, der uns von der Quelle des Lebens abschneidet; und solange wir diese falsche Vorstellung für das wahre Gesetz des Seins halten, werden wir uns mit Einschränkungen und unlösbaren Problemen jeder Art konfrontiert sehen: Wir haben den Schlüssel des Lebens verloren und sind daher nicht in der Lage, die Tür zu öffnen.

Aber in dem Maße, wie wir im Weinstock bleiben, d. h. uns unserer immerwährenden Einheit mit dem Geist des Ursprungs bewusst werden und uns einprägen, dass diese Einheit weder als Belohnung für Verdienste noch als Gunstbeweis verliehen wird - denn das hieße, die Einheit zu leugnen, weil die Verleihung sofort Dualismus bedeuten würde -, sondern in der Wahrheit verweilen, dass sie das innerste und höchste Prinzip unserer eigenen Natur ist; In dem Maße, in dem wir uns dessen bewusst werden, werden wir zu einer immer sichereren Erkenntnis gelangen, die zu einer immer vollkommeneren Äußerung führt, deren zunehmender Glanz keine Grenzen kennt, denn sie ist das ständige Ausströmen des unerschöpflichen Lebensgeistes in der Manifestation seiner selbst, die unsere eigene Individualität ist.

Die Vorstellung des Dualismus ist der Schleier, der die Menschen daran hindert, dies zu sehen, und sie mit verbundenen Augen durch die Labyrinthe endloser Verwirrung irren lässt; aber wie der heilige Paulus wahrhaftig sagt, werden wir, wenn dieser Schleier weggenommen wird, uns von Herrlichkeit zu Herrlichkeit verwandelt finden, wie durch den Herrn, den Geist. "Sein Name wird Immanuel heißen", das heißt "Gott in uns", nicht ein von uns getrenntes Wesen. Erinnern wir uns daran, dass Jesus durch das Prinzip der Trennung verurteilt wurde, weil er selbst die Verkörperung des Prinzips der

Einheit war, und dass wir, wenn wir am Prinzip der Einheit festhalten, an der einzig möglichen Wurzel des Lebens festhalten und die Wahrheit bewahren, für die Jesus gestorben ist.

XVII. EXTERNALISIERUNG

Wer wäre nicht glücklich mit sich selbst und seinen Bedingungen? Das ist es, was wir uns alle wünschen - mehr Lebensfülle, eine größere und hellere Vitalität in uns selbst und weniger Einschränkung in unserer Umgebung. Und uns wird gesagt, dass der Talisman, mit dem dies erreicht werden kann, das Denken ist. Man sagt uns: Ändert eure Denkweise, und die veränderten Bedingungen werden folgen. Aber viele Suchende haben das Gefühl, dass das so ist, als würde man uns sagen, wir sollen Vögel fangen, indem wir Salz auf ihre Schwänze streuen. Wenn wir das Salz auf den Schwanz des Vogels streuen können, können wir auch unsere Hand auf den Vogel legen. Wenn wir unser Denken ändern können, können wir damit auch unsere Umstände ändern.

Aber wie können wir diese Veränderung der Ursache herbeiführen, die ihrerseits diese veränderte Wirkung hervorbringt? Das ist die praktische Frage, die viele ernsthaft Suchende verwirrt. Sie können ihren Weg durch die ganze Abfolge von Ursache und Wirkung, die zu den gewünschten Ergebnissen führt, klar erkennen, wenn sie nur die eine anfängliche Schwierigkeit überwinden könnten. Die Schwierigkeit ist eine echte Schwierigkeit, und solange sie nicht überwunden ist, macht sie die gesamte Lehre zunichte und reduziert sie auf eine bloße Papiertheorie. Deshalb sollte die Aufmerksamkeit der

Schüler/innen besonders auf diesen Punkt gerichtet sein. Sie brauchen eine solide Grundlage, auf der sie ihr Denken ändern können. Solange sie diese nicht gefunden haben, wird die Theorie der Göttlichen Wissenschaft, so perfekt sie auch sein mag, für sie nichts weiter als eine bloße Theorie bleiben, die keine praktischen Ergebnisse bringt.

Die notwendige wissenschaftliche Grundlage existiert jedoch und ist äußerst einfach und vernünftig, wenn wir uns die Mühe machen, sie sorgfältig zu durchdenken. Solange wir nicht bereit sind, die These zu unterstützen, dass die Macht, die das Universum erschaffen hat, von Natur aus böse ist, oder dass das Universum das Werk zweier entgegengesetzter und gleicher Mächte ist, von denen die eine böse und die andere gut ist - beides Behauptungen, die nachweislich falsch sind -, haben wir keine andere Wahl, als zu sagen, dass der Ursprung von allem von Natur aus gut sein muss. Er kann nicht teils gut und teils böse sein, denn das würde ihn gegen sich selbst aufbringen und ihn selbstzerstörerisch machen; deshalb muss er insgesamt gut sein. Wenn wir diesen ersten Satz zugeben, haben wir die Wurzel allen Übels beseitigt. Denn wie kann das Böse von einer allumfassenden Quelle ausgehen, die ganz und gar gut ist und in der daher kein Keim für die Entwicklung des Bösen zu finden ist? Das Gute kann nicht der Ursprung des Bösen sein; und da nichts außer dem einen Ursprungsgeist, der nur gut ist, entstehen kann, muss die wahre Natur aller Dinge die sein, die sie von ihrer Quelle erhalten haben - nämlich das Gute.

Daraus folgt, dass das Böse nicht die wahre Natur von irgendetwas ist und dass das Böse seinen Ursprung in etwas außerhalb der wahren Natur der Dinge haben muss. Und da das Böse weder in der wahren Natur der Dinge selbst noch im Universellen Geist, dem Ursprungsprinzip, zu finden ist, gibt es nur einen Ort, an dem es entstehen kann, nämlich in unseren persönlichen Gedanken. Zuerst nehmen wir an, dass das Böse genauso in der Natur der Dinge liegt wie das Gute - eine Annahme, die wir nicht treffen könnten, wenn wir uns die notwendige Natur des Ursprungsprinzips vor Augen führen würden. Und so nähren wir das Negative oder das, was keine substanzielle Existenz hat, außer der, die wir ihm zuschreiben, und geben ihm Substanz, bis wir es für eine eigene affirmative Kraft halten und so eine falsche Vorstellung vom Sein - das Produkt unseres eigenen Verstandes - aufbauen, um dem wahren Sein die Herrschaft über das Universum streitig zu machen.

Wenn wir annehmen, dass zwei rivalisierende Mächte - die eine gut, die andere böse - das Universum lenken, wird jeglicher Sinn für Harmonie unmöglich; der gesamte Lauf der Natur gerät aus den Fugen, und weder für uns noch für die Welt als Ganzes gibt es irgendeinen Grund für Sicherheit. Und genau das ist der Zustand, in dem die meisten Menschen leben. Die einzige Möglichkeit, diesem Zustand zu entkommen, besteht darin, der Sache auf den Grund zu gehen und zu erkennen, dass das ganze Übel seinen Ursprung in unserer eigenen, verkehrten Vorstellung von der Natur des Seins hat.

Wenn wir aber erst einmal erkannt haben, dass die wahre Auffassung des Seins die Idee des Bösen zwangsläufig ausschließt, werden wir erkennen, dass wir, wenn wir Gedanken und Ängsten vor dem Bösen nachgeben, dem, was in sich selbst keine wirkliche Substanz hat, Substanz verleihen und dem Negativen eine affirmative Kraft zuschreiben, die es nicht besitzt - tatsächlich erschaffen wir genau das, was wir fürchten. Das Heilmittel dagegen ist, sich immer wieder auf die ursprüngliche Natur des Seins als das Gute zu besinnen und dann zu uns selbst zu sprechen: "Mein Gedanke muss ständig etwas nach außen tragen, denn das ist die ihm innewohnende Eigenschaft, die durch nichts verändert werden kann. Soll ich also Gott oder das Gegenteil von Gott ausdrücken? Was möchte ich in meinem Leben manifestiert sehen - das Gute oder sein Gegenteil? Soll ich das manifestieren, von dem ich weiß, dass es die Realität ist, oder das Gegenteil?" Dann kommt der feste Entschluss, immer Gott oder das Gute zu manifestieren, denn das ist die einzig wahre Realität in allen Dingen; und dieser Entschluss ist kraftvoll, weil er auf dem soliden Fels der Wahrheit beruht.

Wir müssen uns weigern, das Böse zu erkennen; wir müssen uns weigern, zuzugeben, dass es so etwas gibt, das erkannt werden muss. Das Gegenteil davon wird in der Geschichte vom Sündenfall symbolisiert. "An dem Tag, an dem du davon isst, wirst du sterben" wurde nie über die Erkenntnis des Guten gesagt, denn das Gute hat nie den Tod in die Welt gebracht. Es ist das Essen der Frucht des Baumes der sogenannten Erkenntnis, die einen zweiten Zweig, die Erkenntnis des Bösen, zulässt, die die Quelle des Todes ist. Wenn du zugibst, dass das Böse eine Substanz hat, die es zu einem Gegenstand der Erkenntnis macht, dann erschaffst du es mit all seinen Folgen wie Leid, Krankheit und Tod. Aber "sei gewiss, dass der Herr Gott ist" - das heißt, dass das einzige herrschende Prinzip des Universums, ob in uns oder um uns herum, das Gute und nur das Gute ist - und das Böse mit all seinen Zügen sinkt zurück in sein ursprüngliches Nichts, und wir stellen fest, dass die Wahrheit uns frei gemacht hat. Wir sind frei, das, was wir wollen, nach außen zu tragen, sei es in uns selbst oder in unserer Umgebung, denn wir haben die solide Grundlage gefunden, auf der wir die nötige Änderung unserer geistigen Einstellung vornehmen können, nämlich die Tatsache, dass das Gute die einzige Realität des Seins ist.

1902.

XVIII. IN DEN GEIST EINTRETEN

"In den Geist der Sache eintreten". Was für ein gewöhnlicher Ausdruck! Und doch bedeutet er so viel, so absolut alles! Wir lassen uns auf den Geist eines Unternehmens ein, auf den Geist einer Bewegung, auf den Geist eines Autors, sogar auf den Geist eines Spiels, und das macht einen großen Unterschied für uns und für das, worauf wir uns einlassen. Ein Spiel ohne Geist ist eine armselige Angelegenheit; eine Vereinigung ohne Geist zerfällt; und ein Unternehmen ohne Geist wird mit Sicherheit ein Misserfolg. Andererseits ist das Buch, das für den unsympathischen Leser bedeutungslos ist, für denjenigen, der sich auf den Geist des Autors einlässt, voller Leben und Anregung; der Mann, der sich auf den Geist der Musik einlässt, findet eine Quelle der Erfrischung in einer schönen Darbietung, die dem kalten Kritiker, der nur nach den Maßstäben einer starren Regel urteilt, völlig entgeht; und so weiter in jedem erdenklichen Fall. Wenn wir uns nicht auf den Geist einer Sache einlassen, hat sie keine belebende Wirkung auf uns, und wir halten sie für langweilig, fade und wertlos. Das ist unsere tägliche Erfahrung, und das sind die Worte, mit denen wir sie ausdrücken. Und die Worte sind gut gewählt. Sie zeigen, dass wir intuitiv erkennen, dass der Geist die grundlegende Realität in allem ist, egal wie klein oder groß es ist. Wenn wir den Geist einer Sache richtig einschätzen, wird alles andere erfolgreich folgen.

Indem wir uns auf den Geist einer Sache einlassen, stellen wir eine wechselseitige, belebende Aktion und Reaktion zwischen ihr und uns her; wir beleben sie mit unserer eigenen Vitalität, und sie belebt uns mit einem lebendigen Interesse, das wir ihren Geist nennen; und deshalb werden wir umso lebendiger, je vollständiger wir uns auf den Geist aller Dinge einlassen, mit denen wir zu tun haben. Je vollständiger wir das tun, desto mehr werden wir feststellen, dass wir in das große Geheimnis des Lebens eindringen. Es mag wie eine Binsenweisheit erscheinen, aber das große Geheimnis des Lebens ist seine Lebendigkeit, und es ist genau diese Eigenschaft der Lebendigkeit, von der wir mehr haben wollen; es ist das Gute, von dem wir nie zu viel haben können.

Aber jede Tatsache beinhaltet auch ihre Kehrseite, und wir verstehen eine Sache erst dann richtig, wenn wir nicht nur wissen, was sie ist, sondern auch klar verstehen, was sie nicht ist. Für ein vollständiges Verständnis ist das Wissen um das Negative ebenso notwendig wie das Wissen um das Affirmative; denn das vollkommene Wissen besteht darin, das Verhältnis zwischen den beiden zu erkennen, und die vollkommene Kraft erwächst aus diesem Wissen, indem es uns befähigt, das Affirmative und das Negative in jedem beliebigen Verhältnis gegeneinander abzuwägen und so dem, was sonst zu starr wäre, Flexibilität und dem, was sonst zu fließend wäre, Form zu verleihen und so durch die

Vereinigung dieser beiden Extreme jedes gewünschte Ergebnis zu erzielen. Es ist ein altes hermetisches Sprichwort: "Coagula et solve" - "Verfestige das Flüssige und löse das Feste auf". Wenn wir also das Geheimnis des "Eintretens in den Geist" entdecken wollen, müssen wir eine Vorstellung vom Negativen bekommen, das der "Nicht-Geist" ist.

In verschiedenen Zeitaltern wurde diese negative Phase in verschiedenen Wortformen ausgedrückt, die dem jeweiligen Zeitgeist entsprachen; um diese Idee in das Gewand der heutigen Zeit zu kleiden, werde ich das Gegenteil von Geist in dem Wort "Mechanismus" zusammenfassen. Dies ist vor allem ein mechanisches Zeitalter, und es ist erstaunlich, wie viel von dem, was wir unseren sozialen Fortschritt nennen, auf die mechanischen Künste zurückzuführen ist. Würde man die mechanischen Künste auf das Niveau der Plantagenets zurückführen, würde der größte Teil unserer rühmlichen Zivilisation mit ihnen durch die Jahrhunderte zurückgehen. Wir sind uns dessen vielleicht nicht bewusst, aber die mechanische Tendenz unserer Zeit hat die Gesellschaft als Ganzes fest im Griff. Wir haben die Gewohnheit, die mechanische Seite der Dinge vor allen anderen zu betrachten. Alles wird mechanisch gemacht, von der Schnitzerei auf einem Möbelstück bis hin zur Gestaltung des Sozialsystems. Es ist der Mechanismus, der zuerst betrachtet werden muss, und der Geist muss an die mechanischen Erfordernisse angepasst werden. Wir befassen uns mit dem Mechanismus und nicht mit dem Geist, schränken den Geist ein und weigern uns, ihn seinen eigenen Weg gehen zu lassen. Das hat zur Folge, dass wir ausschließlich mechanisch handeln und unseren Kreis der Unwissenheit schließen, indem wir annehmen, dass dies die einzige Art des Handelns ist, die es gibt.

Doch das ist nicht einmal in der "physikalischen Wissenschaft" notwendig, denn die Menschen, die in dieser Richtung die größten Fortschritte gemacht haben, sind diejenigen, die die Unterordnung des Mechanischen unter das Geistige am deutlichsten erkannt haben. Der Mensch, der ein Naturgesetz nur in der Form erkennt, in der es durch bestimmte, ihm bekannte Mechanismen wirkt, wird sich nie an die Konstruktion höherer Mechanismen wagen, die auf diesem Gesetz aufbauen könnten, denn er erkennt nicht, dass das Gesetz den Mechanismus bestimmt und nicht umgekehrt. Dieser Mensch wird keinen Fortschritt in der Wissenschaft machen, weder in der Theorie noch in der Anwendung, und die Welt wird ihm niemals zu Dank verpflichtet sein. Wer aber erkennt, dass der Mechanismus für die Anwendung eines Prinzips aus dem richtigen Verständnis des Prinzips erwächst, studiert zuerst das Prinzip, weil er weiß, dass es, wenn man es richtig verstanden hat, notwendigerweise alles vorschlägt, was man braucht, um es in der Praxis anzuwenden.

Und wenn das für die so genannte physikalische Wissenschaft gilt, dann gilt das erst recht für die Wissenschaft des Geistes. Es gibt eine mechanische

Geisteshaltung, die alles nach den Grenzen vergangener Erfahrungen beurteilt und dabei nicht berücksichtigt, dass diese Erfahrungen größtenteils das Ergebnis unserer Unkenntnis der geistigen Gesetze waren. Doch wenn wir das wahre Gesetz des Seins erkennen, werden wir uns über diese mechanischen Vorstellungen erheben. Wir werden die Realität des Körpers oder der physischen Welt als Tatsachen nicht leugnen, weil wir wissen, dass sie auch Geist sind, aber wir werden lernen, ihre Macht als Ursachen zu leugnen. Wir werden lernen, zwischen der causa causta und der causa causans, der sekundären oder scheinbaren physischen Ursache und der primären oder geistigen Ursache, ohne die die sekundäre Ursache nicht existieren könnte, zu unterscheiden; und so werden wir einen neuen Standpunkt klarer Erkenntnis und sicherer Macht erlangen, indem wir die Schwelle des Mechanischen überschreiten und in den Geist des Mechanischen eintreten.

Wir müssen das Gleichgewicht zwischen den beiden Extremen wahren und weder den Geist noch den Mechanismus verleugnen, der seine Form ist und durch den er wirkt. Das eine ist für ein vollkommenes Ganzes ebenso notwendig wie das andere, denn es muss sowohl ein Außen als auch ein Innen geben; wir müssen uns nur daran erinnern, dass das schöpferische Prinzip immer im Inneren liegt und dass das Äußere nur das zeigt, was das Innere schafft. Deshalb müssen wir, egal welche Wirkung wir von außen erzielen wollen, zuerst in den Geist der Sache eindringen und auf das geistige Prinzip einwirken, sei es in uns selbst oder in anderen. Wenn wir die Wahrheit, dass der Geist der Schöpfer ist, voll und ganz begreifen, können wir uns die mühsame Untersuchung der mechanischen Seite all unserer Probleme sparen. Wenn wir von außen bauen, müssen wir ängstlich die Stärke unserer Materialien und die Kraft jedes Stoßes und jeder Belastung, der sie ausgesetzt sein könnten, berechnen, und sehr wahrscheinlich werden wir am Ende feststellen, dass wir irgendwo in unseren aufwendigen Berechnungen einen Fehler gemacht haben. Wenn wir uns aber der Macht der Schöpfung von innen heraus bewusst werden, werden wir feststellen, dass all diese Berechnungen für uns korrekt durchgeführt wurden; denn derselbe Geist, der Schöpfer ist, ist auch der, den die Bibel "den wunderbaren Zähler" nennt. Der Aufbau von außen basiert auf der Analyse, und keine Analyse ist vollständig ohne genaues quantitatives Wissen; aber die Schöpfung ist das genaue Gegenteil der Analyse und bringt ihre eigene Mathematik mit sich.

In den Geist einer Sache einzudringen bedeutet also, sich gedanklich mit dem schöpferischen Prinzip zu vereinen, das im Zentrum der Sache steht; warum also nicht gleich zum Zentrum aller Dinge gehen und in den Geist des Lebens eindringen? Fragst du, wo du ihn finden kannst? In dir selbst. Und in dem Maße, wie du ihn dort findest, wirst du ihn auch überall sonst finden. Betrachte das Leben als das Einzige, was ist, ob in dir oder um dich herum; versuche, seine Lebendigkeit zu erkennen, und versuche dann, in seinen Geist einzutreten, indem du es als das Ganze, was du bist, bestätigst. Bekräftige dies ständig in deinen Gedanken, und nach und nach wird die Bejahung zu einer echten lebendigen Kraft in dir werden, so dass sie dir zur zweiten Natur wird und du es unmöglich und unnatürlich findest, anders zu denken; Und je näher du diesem Punkt kommst, desto mehr wirst du deinen Körper und die Umstände beherrschen, bis du schließlich so sehr in den Geist der Bejahung eintrittst - in den Geist der göttlichen Schöpferkraft, die die Wurzel aller Dinge ist -, dass dir, in den Worten Jesu, "nichts unmöglich sein wird", weil du so sehr in den Geist der Bejahung eingetreten bist, dass du erkennst, dass du eins mit ihr bist. Dann werden alle alten Begrenzungen verschwunden sein, und du wirst in einer völlig neuen Welt des Lebens, der Freiheit und der Liebe leben, deren strahlendes Zentrum du selbst bist. Du wirst die Wahrheit erkennen, dass dein Gedanke eine grenzenlose schöpferische Kraft ist und dass du selbst hinter deinem Gedanken stehst und ihn mit Wissen für jeden Zweck, den die Liebe motiviert und die Weisheit plant, kontrollierst und lenkst. So wirst du von deiner Arbeit, deinen Kämpfen und Ängsten ablassen und in die neue Ordnung eintreten, in der vollkommene Ruhe und unaufhörliche Aktivität eins sind.

1902.

XIX. DIE BIBEL UND DAS NEUE DENKEN

I. Der Sohn

Ein sehr interessantes Thema für Studenten der New Thought-Bewegung ist es, herauszufinden, inwieweit ihre Lehren von der Bibel bestätigt werden. Es gibt keine neuen Gedanken im Sinne einer neuen Wahrheit, denn was jetzt Wahrheit ist, muss schon immer Wahrheit gewesen sein; aber es gibt so etwas wie eine neue Darstellung der alten Wahrheit, und darin besteht die Neuheit der gegenwärtigen Bewegung. Aber dieselbe Wahrheit wurde in früheren Zeiten immer wieder in verschiedenen Formen und in unterschiedlicher Vollständigkeit dargelegt, und nirgendwo so vollständig wie in den Schriften des Alten und Neuen Testaments. Keine der älteren Aussagen ist unseren Leserinnen und Lesern vertrauter als die der Bibel, und keine andere ist mit denselben heiligen und zärtlichen Assoziationen um unsere Herzen gewickelt: Deshalb zögere ich nicht zu sagen, dass die Tatsache, dass es eine deutliche Übereinstimmung zwischen ihrer Lehre und der des New Thought gibt, eine Quelle der Kraft und der Ermutigung für jeden von uns sein kann, der in der Vergangenheit gewohnt war, auf das alte und geheiligte Buch als einen Speicher göttlicher Weisheit zu schauen. Wir werden feststellen, dass das klarere Licht die rauen Stellen glättet und die dunklen Stellen erhellt und dass uns von den Schätzen des

Wissens, die in dem alten Buch verborgen sind, nicht einmal die Hälfte erzählt wurde.

Die Bibel betont nachdrücklich "die herrliche Freiheit der Söhne Gottes" und vereint damit in einem einzigen Satz den doppelten Gedanken der kindlichen Abhängigkeit und der persönlichen Freiheit. Eine sorgfältige Untersuchung des Themas wird uns zeigen, dass es keinen Gegensatz zwischen diesen beiden Ideen gibt, sondern dass sie sich gegenseitig bedingen und dass die wahre Lehre, ob sie nun nach der konzentrierteren Methode der Bibel oder nach der detaillierteren Methode des New Thought formuliert wird, nicht unsere Unabhängigkeit von Gott, sondern unsere Unabhängigkeit in Gott verkündet.

Unabhängig davon, was wir von der Autorität Jesu halten, mit der er gesprochen hat, sind wir uns alle einig, dass diesen Äußerungen, die uns als ipsissima verba überliefert wurden und aus denen sich das gesamte Neue Testament entwickelt hat, ein besonderes Gewicht zukommt; und wenn wir hier, an der Quelle, die Identität des Konzepts der New Thought-Bewegung erkennen, können wir davon ausgehen, dass wir sie auch in den unteren Strömen finden.

Der Schlüssel zu den Lehren des Meisters findet sich in seinem Gespräch mit der Frau von Samaria, und zwar in der Aussage, dass "der Vater" Geist ist, d. h. Geist im absoluten und uneingeschränkten Sinne des Wortes, wie aus dem griechischen Original hervorgeht, und nicht "ein

Geist", wie es in der autorisierten Version wiedergegeben wird. Die Beziehung zwischen diesen beiden Begriffen ist das Hauptthema der Lehre Jesu und deshalb ist es sehr wichtig, eine genaue Vorstellung davon zu haben, was er mit diesen Begriffen meinte, wenn wir verstehen wollen, was er wirklich lehrte.

Wenn "der Vater" Geist ist, muss auch "der Sohn" Geist sein, denn ein Sohn muss notwendigerweise von derselben Natur sein wie sein Vater. Da aber der Vater ein absoluter und universeller Geist ist, ist es offensichtlich, dass der Sohn kein absoluter und universeller Geist sein kann, denn es kann nicht zwei universelle Geister geben, denn dann wäre keiner von beiden universell. Daraus lässt sich logisch ableiten, dass "der Vater" Universeller Geist ist und "der Sohn" Nicht-Universeller Geist ist. Die Heilige Schrift sagt uns, dass "der Geist Leben ist", und wenn wir dies als Definition von "Geist" nehmen, stellen wir fest, dass "der Vater" absolutes, ursprüngliches, undifferenziertes Leben ist, und "der Sohn" dasselbe Leben, das sich in bestimmte Formen differenziert. Im weitesten Sinne des Ausdrucks steht "der Sohn" also für die gesamte Schöpfung, ob sichtbar oder unsichtbar, und in diesem Sinne ist er die bloße Differenzierung des universellen Lebens in eine Vielzahl besonderer Formen. Wenn wir aber eine angemessene Vorstellung von der intelligenten und reaktionsfähigen Natur des Geistes * haben - wenn wir erkennen, dass er, weil er reines Sein ist, unendliche Intelligenz und unendliche Reaktionsfähigkeit sein muss -, dann werden wir sehen, dass seine Reproduktion im Besonderen unzählige Stufen zulässt, vom bloßen Ausdruck als äußere Form bis hin zum vollsten Ausdruck der unendlichen Intelligenz und Reaktionsfähigkeit, die der Geist ist.

(* Fußnote: Intelligenz und Reaktionsfähigkeit sind die allgemeine Natur des Geistes in jedem Modus, und es ist die Konzentration dieser Eigenschaften in Bewusstseinszentren, die die Persönlichkeit, d. h. die selbstbewusste Individualität, ausmacht. Sie ist sehr unterschiedlich ausgeprägt, von der ersten Andeutung im Tier bis zur intensiven Entwicklung bei den großen Meistern der Geisteswissenschaft. Deshalb wird sie "Die Kraft, die sich selbst kennt" genannt - es ist die Kraft der Selbsterkenntnis, die die Persönlichkeit ausmacht, und je mehr wir erkennen, dass unsere Persönlichkeit nicht nur zwischen Hut und Stiefeln steckt, wie Walt Whitman sagt, sondern sich ins Unendliche ausdehnt, das wir dann als das Unendliche von uns selbst erkennen, als das gleiche ICH BIN, das ich bin, desto mehr dehnt sich unsere Persönlichkeit aus und wir werden uns immer mehr des Lebens in uns selbst bewusst).

Die Lehren Jesu richteten sich an die Herzen und die Intelligenz der Menschen, und deshalb bezieht sich der Grad der Sohnschaft, von dem er sprach, auf den Ausdruck des unendlichen Seins im menschlichen Herzen und

Intellekt. Bei einigen Menschen ist die bloße Potenzialität der Sohnschaft noch völlig unentwickelt, bei anderen beginnt sie sich zu entwickeln, bei wieder anderen entwickelt sie sich weiter und so weiter, bis wir ein höchstes Beispiel annehmen können, in dem die absolut vollkommene Reproduktion des Universellen erreicht wurde. Jede dieser Stufen ist ein immer umfassenderer Ausdruck der Sohnschaft, bis die höchste Entwicklung einen Punkt erreicht, an dem sie nur noch als das vollkommene Abbild "des Vaters" beschrieben werden kann; und das ist das logische Ergebnis eines Prozesses des stetigen Wachstums aus einem inneren Lebensprinzip, das die Identität jedes Einzelnen ausmacht.

Aus Jesu eigener Erklärung des "Vaters" als Geist oder unendliches Wesen ergibt sich zwangsläufig, dass der "Sohn" der biblische Ausdruck für die Reproduktion des unendlichen Wesens im Individuum ist, und zwar in dem Stadium, in dem das Individuum in gewissem Maße beginnt, seine Identität mit seiner ursprünglichen Quelle zu erkennen, oder zumindest in dem Stadium, in dem es zu einer solchen Erkenntnis fähig ist, auch wenn die tatsächliche Erkenntnis noch nicht stattgefunden haben mag. Es ist sehr bemerkenswert, dass wir mit dieser Definition des "Sohnes", die auf der direkten Aussage Jesu selbst beruht, genau die Definition des Geistes als "die Kraft, die sich selbst erkennt" finden. In der Fähigkeit, seine Wesensgleichheit mit dem "Vater" zu erkennen, besteht die potenzielle Tatsache der Sohnschaft, denn der verlorene Sohn war noch ein Sohn, bevor er begann, seine Beziehung zu seinem "Vater" in der Realität zu erkennen. Es ist das Erwachen dieser Erkenntnis, das den geistigen "Säugling" oder den kleinen Sohn ausmacht; und nach und nach wächst dieses Bewusstsein, bis er den vollen Stand der geistigen Männlichkeit erreicht hat. Diese Erkenntnis des Individuums, dass es mit dem universellen Geist identisch ist, ist genau das, was die Grundlage des New Thought bildet, und so strahlen beide Systeme von einem gemeinsamen Zentrum aus.

Das Merkmal des New Thought, das diejenigen, die die Bewegung von außen betrachten, am meisten stört, ist der Anspruch auf die Gedankenkraft als aktiven Faktor in den Angelegenheiten des täglichen Lebens. Als eine bloße Sammlung von spekulativen Meinungen könnte man sie in eine Schublade mit den philosophischen Systemen von Kant oder Hegel stecken; aber es ist das praktische Element, das die Schwierigkeiten verursacht. Es handelt sich nicht nur um ein Denksystem, das auf einer Vorstellung von der Einheit des Seins beruht, sondern auch um den Anspruch, diese Vorstellung durch die bloße Ausübung der Gedankenkraft zu ihren legitimen Konsequenzen in Form von sichtbaren und greifbaren äußeren Ergebnissen zu führen. Eine lächerliche Behauptung, eine Behauptung, die vom gesunden Menschenverstand nicht toleriert werden kann, ein Eingriff in das göttliche Vorrecht, eine Behauptung von beispielloser Dreistigkeit: so der gelegentliche Einwender.

Doch diese Behauptung ist nicht ohne Parallele, denn die gleiche Behauptung wurde vom großen Lehrer selbst als das richtige Ergebnis der Anerkennung der Beziehung zwischen dem Sohn und dem Vater aufgestellt. "Bittet, was ihr wollt, und es wird euch widerfahren"; "Was immer ihr im Gebet bittet und glaubt, das werdet ihr erhalten, und nichts wird euch unmöglich sein"; "Alle Dinge sind möglich dem, der glaubt." Diese Aussagen sind absolut frei von jeder Einschränkung, außer der, die durch den fehlenden Glauben des Suchenden an seine eigene Macht, das Unendliche zu bewegen, entsteht. Dies ist eine ebenso klare Aussage über die Wirksamkeit der geistigen Kraft, um äußere und greifbare Ergebnisse zu erzielen, wie alle anderen Aussagen des New Thought, und sie beruht auf genau demselben Grund, nämlich der Bereitschaft des "Vaters" oder des Geistes im Universellen, auf die Bewegung des Geistes im Einzelnen zu reagieren.

In der Bibel wird diese Bewegung des individuellen Geistes "Gebet" genannt und ist gleichbedeutend mit dem Gedanken, der mit der Absicht formuliert wurde, diese Antwort hervorzubringen.

"Das Gebet ist der aufrichtige Wunsch des Herzens, geäußert oder unausgesprochen", und wir dürfen uns nicht von der Assoziation bestimmter Formen mit bestimmten Worten in die Irre führen lassen, sondern sollten dem guten Rat von Oliver Wendell Holmes folgen und solche Worte einem Prozess der Depolarisierung unterziehen, der ihre wahre Bedeutung zum Vorschein bringt. Ob wir

unseren Akt nun "Gebet" oder "Gedankenkonzentration" nennen, wir meinen dasselbe: Es ist der Anspruch des Menschen, das Unendliche durch die Wirkung seines eigenen Geistes zu bewegen.
Man könnte jedoch einwenden, dass diese Definition ein wichtiges Element des Gebets auslässt, nämlich die Frage, ob Gott es erhören wird. Aber genau dieses Element schließt Jesus in seiner Beschreibung des geistigen Akts strikt aus. Nach gängiger Auffassung ist das Gebet eine höchst unsichere Angelegenheit. Ob wir erhört werden oder nicht, hängt ganz von einem anderen Willen ab, über dessen Handeln wir nichts wissen, und deshalb besteht nach dieser Vorstellung das Wesen des Gebets in völliger Ungewissheit. Jesu Auffassung vom Gebet war das genaue Gegenteil. Er lässt uns glauben, dass wir das, worum wir bitten, bereits erhalten haben, und macht dies zur Bedingung für das Empfangen. Mit anderen Worten: Der wesentliche Faktor der geistigen Handlung besteht in der absoluten Gewissheit über die entsprechende Antwort im Unendlichen, was genau die Bedingung ist, die das New Thought für das erfolgreiche Wirken der Gedankenkraft aufstellt.

Es könnte jedoch eingewendet werden, dass Menschen, die ihre Gedanken so wahllos auf die Erfüllung ihrer Wünsche projizieren können, dies genauso leicht zum Bösen wie zum Guten tun können. Doch Jesus war sich dieser Möglichkeit bewusst und vollbrachte das einzige von ihm aufgezeichnete zerstörerische Wunder, um auf diese

Gefahr hinzuweisen. Die Begründung, die die Verfasser des Evangeliums für die Zerstörung des Feigenbaums anführen, ist eindeutig unzureichend, denn wir können nicht annehmen, dass Jesus so unvernünftig ist, einen Baum zu verfluchen, weil er keine Früchte zur rechten Zeit trägt. Aber der Bericht selbst zeigt eine ganz andere Absicht. Jesus antwortete den Jüngern auf ihre erstaunte Frage, dass es in ihrer eigenen Macht stehe, nicht nur das zu tun, was dem Feigenbaum angetan wurde, sondern noch viel größere Wirkungen zu erzielen, und er schloss das Gespräch mit der Aufforderung zur Vergebung, die eine notwendige Voraussetzung für das Gebet ist. Warum wurde dieses Gebot in diesem Zusammenhang so besonders hervorgehoben? Offensichtlich, weil die Demonstration, die er soeben über die Wirksamkeit der Gedankenkraft in den Händen gelehrter Menschen gegeben hat, die Tatsache offenbart hat, dass diese Kraft sowohl zerstörerisch als auch nutzbringend eingesetzt werden kann, und dass daher eine gründliche Herzensprüfung zur Ausrottung jedes lauernden schlechten Gefühls eine zwingende Voraussetzung für ihren sicheren Gebrauch ist. Das Wunder mit dem Feigenbaum war ein Lehrstück dafür, dass man mit der grenzenlosen Macht, die Jesus seinen Jüngern versicherte, dass sie genauso in ihnen steckte wie er selbst, sorgfältig umgehen muss. Ich will hier nicht im Detail auf dieses Thema eingehen, aber ich denke, es wurde genug gezeigt, um uns davon zu überzeugen, dass Jesus genau den gleichen Anspruch auf die Macht der Gedanken erhob, wie ihn die New Thought-Bewegung in der heutigen Zeit erhebt. Das ist eine große Behauptung, und deshalb ist es ermutigend, eine solche Autorität zu finden, die diese Behauptung aufstellt.

Das allgemeine Prinzip, auf dem diese Behauptung der Vertreter des New Thought beruht, ist die Identität des Geistes im Individuum mit dem Geist im Universum, und wir werden feststellen, dass dies auch die Grundlage der Lehre Jesu zu diesem Thema ist. Er sagt, dass "der Sohn nichts aus sich selbst heraus tun kann; was er aber den Vater tun sieht, das tut auch der Sohn". Es dürfte nun hinreichend klar sein, dass "der Sohn" eine allgemeine Bezeichnung ist, die nicht auf eine bestimmte Person beschränkt ist, sondern für alle gilt; und diese Aussage erklärt die Art und Weise, wie "der Sohn" im Verhältnis zum "Vater" wirkt. Dieser Satz betont besonders, dass der Sohn das, was er den Vater tun sieht, auch tut. Sein Tun entspricht dem, was er sieht. Wenn sich das Sehen ausdehnt, dehnt sich auch das Tun mit aus. Aber wir alle kennen dieses Prinzip auch in anderen Bereichen zur Genüge. Was unterscheidet einen Edison oder einen Marconi von einem Lehrling, der nur weiß, wie man eine elektrische Glocke nach der Faustregel anbringt? Es ist ihre Fähigkeit, die universellen Prinzipien der Elektrizität zu erkennen und sie in eine spezielle Anwendung zu bringen. Der große Maler ist derjenige, der die universellen Prinzipien von Form und Farbe erkennt, während der kleine Mann nur eine bestimmte Kombination sieht; und so ist es mit dem großen Chirurgen, dem großen Chemiker, dem großen Juristen - in jeder Branche ist es die Kraft der Einsicht, die den großen Mann vom kleinen unterscheidet; es ist die Fähigkeit, weitreichende Verallgemeinerungen zu machen und weitreichende Gesetze zu erkennen, die den außergewöhnlichen Geist über das gewöhnliche Niveau erhebt. Das größere Wirken resultiert immer aus der größeren Einsicht in die abstrakten Prinzipien, aus denen jede Kunst oder Wissenschaft hervorgeht; und dasselbe Gesetz, das bis zu den universellen Prinzipien des Lebens hochgetragen wird, ist das Gesetz, nach dem das Wirken des "Sohnes" im Verhältnis dazu steht, dass er die Methode des Wirkens des "Vaters" erkennt. Die Quelle der Kraft des Sohnes liegt also in der Kontemplation des Vaters, d. h. in dem Bemühen, die wahre Natur des Seins zu erkennen, sei es in der abstrakten oder in der allgemeinen Erscheinungsform des Seins. * Dies ist Bacons Maxime: "Arbeite, wie Gott arbeitet"; und in ähnlicher Weise besteht das New Thought vor allem in der Verwirklichung der Gesetze des Seins.

(*Fußnote: Alles hängt von diesem Prinzip der Gegenseitigkeit ab. Durch Kontemplation erkennen wir die wahre Natur des "Geistes" oder "Vaters". Wir lernen, die variablen Faktoren der einzelnen Modi von den unveränderlichen Faktoren zu trennen, die die wesentlichen Qualitäten des Geistes sind, die allen Modi zugrunde liegen. Wenn wir dann diese wesentlichen

Qualitäten erkennen, sehen wir, dass wir sie in jedem Modus anwenden können, den wir wollen: Mit anderen Worten, wir liefern den variablen Faktor der Kombination durch die Wirkung unseres Gedankens, als Wunsch oder Wille, und kombinieren ihn so mit dem unveränderlichen Faktor oder der "Konstante" des essentiellen Gesetzes des Geistes und erzielen so das Ergebnis, das wir wollen. Das ist genau das, was wir in Bezug auf die physische Natur tun - z. B. liefert der Elektriker den variablen Faktor des jeweiligen Anwendungsmodus, und die konstanten Gesetze der Elektrizität reagieren auf die Art der Aufforderung, die sie erhalten. Diese Reaktionsfähigkeit ist dem Geist inhärent, sonst hätte der Geist keine Möglichkeit, sich zu manifestieren. Reaktionsfähigkeit ist das Prinzip der Selbstdarstellung des Geistes. Wir müssen die Elektrizität nicht dazu bringen, zu reagieren. Wir können diese Reaktionsfähigkeit getrost als reines Naturgesetz voraussetzen. Unser Wunsch wirkt zuerst auf der Arupa-Ebene und konzentriert sich von dort über die verschiedenen Rupa-Ebenen, bis er die vollständige äußere Manifestation erreicht).

Und das Ergebnis des Sehens ist, dass "der Sohn" dasselbe tut wie "der Vater" "in gleicher Weise". Die Handlung des Sohnes ist die Reproduktion der universellen Prinzipien in der Anwendung auf bestimmte Fälle. Die Prinzipien bleiben unverändert und wirken immer auf dieselbe Weise, und die Aufgabe des "Sohnes" besteht darin, den besonderen

Bereich ihres Wirkens in Bezug auf das spezifische Objekt, das er im Blick hat, zu bestimmen; und deshalb wird die Handlung des "Sohnes", was dieses Objekt betrifft, auch zur Handlung des "Vaters".

Auch "der Vater" hat keine Geheimnisse. Er hat keine Geheimnisse, denn "der Vater liebt den Sohn und zeigt ihm alles, was er selbst tut". Es besteht eine vollkommene Gegenseitigkeit zwischen dem Geist im Universellen und in der Individualisierung, die aus der Identität des Seins resultiert; und die Erkenntnis des "Sohnes", dass die Liebe das aktive Prinzip dieser Einheit ist, gibt ihm einen intuitiven Einblick in all die inneren Vorgänge des Universellen Lebens, die wir die Arkana der Natur nennen. Die Liebe hat eine göttliche Gabe der Einsicht, die mit dem Intellekt allein nicht erreicht werden kann, und das alte Sprichwort "Die Liebe wird den Weg finden" hat eine tiefere Bedeutung, als es an der Oberfläche erscheint. Es gibt also nicht nur ein Sehen, sondern auch ein Zeigen; und die drei Begriffe - "Schauen, Sehen, Zeigen" - verbinden sich zu einer Kraft des "Wirkens", der keine Grenzen gesetzt werden können.

Auch hier stimmt die Lehre Jesu genau mit der des New Thought überein, die besagt, dass es nur dort Grenzen gibt, wo wir sie selbst setzen, und dass wir, wenn wir uns selbst als Wesen mit grenzenlosem Wissen, grenzenloser Macht und grenzenloser Liebe betrachten, auch zu solchen werden, indem wir uns nach außen hin als sichtbare Tatsache manifestieren. Alle Einwände gegen die New

Thought-Lehre über die Möglichkeiten, die im Menschen schlummern, gelten daher genauso für die Lehren von Jesus. Er lehrte ganz klar, dass die vollkommene Individualität des Menschen eine Duale Einheit ist, die Polarisierung des Unendlichen im Manifesten; und es bedarf nur der Anerkennung dieser Wahrheit, damit das manifestierte Element in diesem binären System seine Identität mit dem entsprechenden Element, das nicht äußerlich sichtbar ist, zeigt. Er sagte, dass er und sein Vater eins sind, dass diejenigen, die ihn gesehen haben, den Vater gesehen haben, dass die Worte, die er sprach, die des Vaters waren, und dass der Vater es war, der die Werke tat. Nichts könnte deutlicher sein. Die absolute Einheit der manifestierten Individualität mit dem ursprünglichen unendlichen Geist wird in jeder Jesus zugeschriebenen Äußerung behauptet oder impliziert, egal ob sie von ihm selbst oder von anderen stammt. Er erkennt nur einen radikalen Unterschied an: den Unterschied zwischen denen, die diese Wahrheit kennen, und denen, die sie nicht kennen. Der Unterschied zwischen dem Jünger und dem Meister ist nur ein gradueller, der durch die expansive Kraft des Wachstums aufgehoben wird: "Der Jünger wird, wenn er vollendet ist, wie sein Meister sein."

Alles, was den Einzelnen daran hindert, die volle Kraft des Unendlichen zu irgendeinem Zweck zu nutzen, ist sein mangelnder Glaube, seine Unfähigkeit, die überwältigende Wahrheit zu erkennen, dass er selbst die Kraft ist, die er sucht. Dies war die Lehre Jesu und ist die Lehre des New

Thought; und wenn diese Wahrheit von der Gottessohnschaft des Menschen einmal als großes Fundament genommen wird, wächst darauf logischerweise ein großartiges Gebäude von Möglichkeiten heran, die "kein Auge gesehen und kein Ohr gehört hat und die zu begreifen nicht in das Herz des Menschen gedrungen ist" - ein herrliches Erbe, das jeder mit Recht für sich beanspruchen kann, weil er ein Mensch ist.

II. Die umfassende Affirmation

Ich gehe davon aus, dass meine Leserinnen und Leser mit der Rolle, die das Prinzip der Affirmation im Schema des New Thought spielt, gut vertraut sind. Das ist für Anfänger oft ein Stolperstein, und ich bin sicher, dass auch diejenigen, die keine Anfänger sind, jede Hilfe zum tieferen Verständnis dieser großen zentralen Wahrheit begrüßen werden. Deshalb möchte ich die biblische Lehre zu diesem wichtigen Thema untersuchen.

Das erklärte Ziel der Bibel ist es, das "Reich Gottes" auf der ganzen Welt zu errichten und zu verbreiten, und das kann nur geschehen, indem der Prozess von einem Individuum zum anderen wiederholt wird, bis die ganze Masse gesäuert ist. Wie wir im letzten Kapitel gesehen haben, ist Gott Geist und Geist ist Leben, und deshalb bedeutet die Ausbreitung des "Reiches Gottes" die Ausbreitung des Lebensprinzips in jedem Einzelnen. Um überhaupt Leben zu sein, muss das Leben affirmativ sein.

Es ist Leben aufgrund dessen, was es ist, und nicht aufgrund dessen, was es nicht ist. Die Quantität des Lebens mag im Einzelfall sehr gering sein, aber wie gering die Menge auch sein mag, die Qualität ist immer dieselbe: Es ist die Qualität des Seins, die Qualität der Lebendigkeit, und nicht ihre Abwesenheit, die es zu dem macht, was es ist. Die Besonderheit des Lebens besteht also darin, dass es positiv und nicht negativ ist; und jeder Grad an Negativität, d. h. jede Einschränkung, ist letztlich auf einen Mangel an Lebenskraft zurückzuführen.

Beschränkungen umgeben uns, weil wir an unsere Unfähigkeit glauben, das zu tun, was wir uns wünschen. Wann immer wir sagen "Ich kann nicht", werden wir von einer Begrenzung scharf gemacht und hören auf, unsere Gedankenkraft in diese Richtung zu lenken, weil wir glauben, dass wir von einer leeren Wand der Unmöglichkeit aufgehalten werden; und wann immer dies geschieht, sind wir der Unfreiheit unterworfen. Das Ideal der vollkommenen Freiheit ist das Gegenteil von all dem und folgt einer Abfolge, die uns nicht in eine Sackgasse führt. Diese Abfolge besteht aus den drei Behauptungen: Ich bin - also kann ich - also will ich; und diese letzte Behauptung führt dazu, dass wir unsere inneren oder äußeren Kräfte auf die Erreichung des gewünschten Ziels richten. Diese letzte Bejahung hat ihre Wurzel in der ersten; und weil wir die bejahende Natur des Lebens, das in uns ist, oder besser gesagt des Lebens, das wir sind, erkennen, hat die Kraft, positiv zu wollen oder zu handeln, überhaupt eine Existenz;

und deshalb wird das Ausmaß unserer Kraft, positiv zu wollen und zu handeln, genau an unserer Wahrnehmung der Tiefe und Lebendigkeit unseres eigenen Seins gemessen. Je mehr wir also lernen, dies zu bejahen, desto mehr Macht können wir ausüben.

Das Ideal der vollkommenen Freiheit ist die völlige Abwesenheit jeglicher Begrenzung, und keine Begrenzung im Sein zu haben, bedeutet, mit dem All-Sein eins zu sein. Wir sind alle Grammatiker genug, um zu wissen, dass die Verwendung eines Prädikats den Verstand dazu bringt, das Subjekt zu betrachten, das durch das Prädikat repräsentiert wird; mit anderen Worten, es beschränkt unsere Vorstellung für den Moment auf diesen bestimmten Aspekt des Subjekts. Daher impliziert jedes Prädikat, egal wie umfangreich es ist, eine gewisse Einschränkung des Subjekts. Das ideale Subjekt, das absolut freie Selbst, ist jedoch von der Hypothese her ohne Einschränkung und kann daher nicht mit einem Prädikat versehen werden. Es bekennt sich zu seinem eigenen Sein, ohne zu sagen, worin dieses Sein besteht, und sagt daher nicht: "Ich bin dies oder das", sondern einfach: "Ich bin. Es kann kein Prädikat hinzugefügt werden, denn das einzige angemessene Prädikat wäre die Aufzählung der Unendlichkeit. Sowohl logisch als auch grammatikalisch ist die einzig mögliche Aussage über ein vollständig befreites Wesen die Aussage "Ich bin".

Ich muss meine Leserinnen und Leser wohl kaum daran erinnern, wie häufig Jesus diese emphatischen Worte verwendet hat. In vielen Fällen haben die Übersetzer das Wort "Er" hinzugefügt, aber sie haben darauf geachtet, es kursiv zu setzen, um zu zeigen, dass es nicht im Original steht. Als Grammatiker und Theologen dachten sie, dass noch etwas fehlt, um den Sinn zu vervollständigen, und fügten es dementsprechend hinzu; aber wenn wir die Worte so verstehen wollen, wie der Meister selbst sie gesprochen hat, müssen wir diese Einfügung streichen. Und sobald wir das getan haben, blitzt die Identität seiner Aussage mit der zu Mose am brennenden Dornbusch auf, wo die volle Bedeutung der Worte so offensichtlich ist, dass die Übersetzer gezwungen waren, den Platz des Prädikats in jener scheinbaren Leere zu lassen, die entsteht, wenn man alle Dinge ausfüllt.

So gesehen geht von der Unterweisung des großen Lehrers ein wunderbares Licht aus: Denn wie auch immer wir ihn als große Ausnahme für den schwachen und begrenzten Aspekt der Menschheit betrachten mögen, mit dem wir nur allzu vertraut sind, so müssen wir doch alle darin übereinstimmen, dass seine Mission nicht darin bestand, die Menschen hoffnungslos zu machen, indem er ihnen den Weg des Fortschritts versperrte, sondern "denen, die in der Finsternis sitzen, Licht zu geben" und denen, die gebunden sind, die Freiheit, indem er die unbegrenzten Möglichkeiten verkündete, die im Menschen stecken und nur darauf warten, durch die Erkenntnis der Wahrheit hervorgerufen zu werden. Und wenn wir in seinen Worten einen persönlichen Bezug vermuten, dann nur als großes Beispiel für das, was der Mensch werden kann, und nicht als Beispiel für etwas, das der Mensch niemals sein kann; eine Ausnahme, wahrlich, für die Menschheit, wie wir sie jetzt sehen, aber die Ausnahme, die die Regel beweist und den Maßstab dafür setzt, was ein jeder werden kann, wenn er das Maß der Fülle Christi erreicht.

Streichen wir also diese Einfügung und stellen wir die Worte des Meisters so wieder her, wie sie im Original stehen: "Wenn ihr nicht glaubt, dass ich es bin, werdet ihr in euren Sünden sterben." Dies ist eine Zusammenfassung seiner Lehre.

"Der letzte Feind, der überwunden werden soll, ist der Tod", und der "Stachel" oder die tödliche Macht des Todes ist die "Sünde". Beseitige sie, und der Tod hat keine Herrschaft mehr über uns; seine Macht ist zu Ende. Und "die Kraft der Sünde ist das Gesetz": Sünde ist jeder Widerspruch zum Gesetz des Seins; und das Gesetz des Seins ist die Unendlichkeit; denn das Sein ist das Leben, und das Leben ist in seinem innersten Wesen das grenzenlose Ich bin. In unseren Sünden zu sterben ist also keine Strafe dafür, dass wir ein bestimmtes theologisches Dogma bezweifeln, sondern es ist die unvermeidliche natürliche Folge davon, dass wir das Ich bin nicht erkennen, nicht daran glauben. Solange wir seine volle Unendlichkeit nicht in uns selbst erkennen, schneiden wir uns von unserer bewussten Einheit mit dem unendlichen Lebensgeist ab, der alle Dinge durchdringt. Ohne dieses

Prinzip bleibt uns nichts anderes übrig, als zu sterben - und zwar aufgrund unserer Sünde, d. h. aufgrund unseres Versagens, dem wahren Gesetz unseres Seins zu entsprechen, das das Leben und nicht der Tod ist. Wenn wir den Tod und die Verneinung in Bezug auf uns selbst bejahen, werden Tod und Verneinung nach außen getragen und wir zahlen die Strafe dafür, dass wir nicht an das zentrale Gesetz unseres eigenen Lebens glauben, das das Gesetz allen Lebens ist. Die Bibel ist das Buch der Prinzipien, und deshalb bedeutet "sterben", das Prinzip der Verneinung zu akzeptieren, das im Tod als der Summe aller Begrenzungen gipfelt und auf Schritt und Tritt die Beschränkungen einführt, die der Natur des Todes entsprechen, weil sie dazu neigen, die ausströmende Fülle des Lebens einzuschränken.

Das ist also der Kern der Lehre Jesu: Der Unglaube an die grenzenlose Kraft des Lebens in uns selbst - in jedem von uns - ist die Ursache des Todes und all der Übel, die in größerem oder kleinerem Maße die einschränkenden Einflüsse wiederholen, die das Leben seiner Fülle und Freude berauben. Wenn wir dem Tod entkommen und ins Leben eintreten wollen, muss jeder von uns an das Ich bin in uns selbst glauben. Und der Grund für diesen Glauben? Ganz einfach, weil nichts anderes denkbar ist. Wenn unser Leben nicht ein Teil des Lebens des universellen Geistes ist, woher kommt es dann? Wir sind, weil das so ist. Eine andere Erklärung ist nicht möglich. Die uneingeschränkte Bejahung unserer eigenen Lebendigkeit ist keine kühne

Selbstbehauptung: Sie ist die einzige logische Folge der Tatsache, dass es überhaupt Leben gibt und dass wir hier sind, um darüber nachzudenken. Im Sinne des universellen Seins kann es nur ein Ich bin geben, und die verständnisvolle Verwendung der Worte durch den Einzelnen ist die Behauptung dieser Tatsache. Die Formen der Manifestation sind unendlich, aber das Leben, das sich manifestiert, ist eins, und so findet jeder Denker, der die Wahrheit in Bezug auf sich selbst erkennt, in dem Ich bin sowohl sich selbst als auch die Gesamtheit aller Dinge; und so kommt er zu der Erkenntnis, dass er, wenn er die innere Natur der Dinge und Personen um ihn herum nutzt, in Wirklichkeit die Kräfte seines eigenen Lebens einsetzt.

Manchmal war der Schleier, den Jesus über diese große Wahrheit zog, sehr durchsichtig. Zu der samaritanischen Frau sprach er von der Quelle des Lebens, die im Innersten des Menschen entspringt, und zu der im Tempel versammelten Menge sprach er von einem Fluss des Lebens, der aus den geheimen Quellen des Geistes in uns sprudelt. Um überhaupt unser Leben zu sein, müssen wir es selbst sein. Eine Energie, die nur durch uns hindurchgeht, ohne wir selbst zu sein, könnte eine Art galvanische Aktivität erzeugen, aber sie wäre nicht das Leben. Selbst wenn wir uns das Lebensprinzip in einem Menschen so intensiv vorstellen, dass es mit einer uns absolut göttlich erscheinenden Vitalität pulsiert, wäre es dennoch nichts anderes als der Mensch selbst. Jesus verweist uns also nicht auf eine äußere Quelle des Lebens, sondern lehrt uns, dass das Himmelreich im Inneren liegt und dass es darum geht, die Barrieren der Unwissenheit und des Unwillens zu beseitigen, die uns daran hindern zu erkennen, dass das große Ich bin, das der innerste Geist des Lebens im gesamten Universum ist, dasselbe Ich bin, das ich bin, wer immer ich auch sein mag.

Bei einer anderen denkwürdigen Gelegenheit erklärte Jesus erneut, dass das Ich bin das beständige Prinzip des Lebens ist. Es ist das, was die Auferstehung und das Leben ist; nicht, wie Martha annahm, ein neues Prinzip, das zu einem späteren Zeitpunkt von außen eingeflößt wird, sondern ein inhärenter Kern der Vitalität, der nur darauf wartet, von sich selbst erkannt zu werden, um über Tod und Grab zu triumphieren. Und doch, höre noch einmal die Antwort des Meisters an den fragenden Thomas. Wie viele von uns sehnen sich wie er danach, den Weg zu kennen! Es ist schön und hoffnungsvoll, von wunderbaren Kräften zu hören, die im Menschen schlummern und nur noch entwickelt werden müssen, wenn wir nur den Weg finden könnten, um sie zu entwickeln; aber wer zeigt uns den Weg? Die Antwort ist ganz eindeutig. Das Ich bin schließt alles ein. Es ist gleichzeitig "der Weg, die Wahrheit und das Leben": nicht nur das Leben oder die Wahrheit, sondern auch der Weg, auf dem man sie erreicht. Kann man das noch deutlicher sagen? Indem wir das Ich bin in uns selbst immer wieder bekräftigen und uns darauf verlassen, dass es identisch ist mit dem Ich bin, das das einzige Leben ist, ob manifestiert oder unmanifestiert, an allen Orten des

Universums, werden wir den Weg zur Erlangung aller Wahrheit und allen Lebens finden. Hier haben wir das Prädikat, das wir suchen, um unsere Behauptung über uns selbst zu vervollständigen. Ich bin - was? Die Drei Dinge, die alle Dinge umfassen: Die Wahrheit, die alles Wissen und alle Weisheit ist; das Leben, das alle Kraft und Liebe ist; und der unfehlbare Weg, der uns Schritt für Schritt, wenn wir ihm folgen, zu Höhen führt, die zu erhaben und zu weit sind, als dass unsere heutige jugendliche Vorstellungskraft sie sich vorstellen könnte.

So wie sich das Neue Testament um Jesus dreht, so dreht sich das Alte Testament um Mose, und er erklärt auch die große Bestätigung als dieselbe. (Fußnote: Das Alte Testament und das Neue Testament behandeln das ICH BIN von seinen entgegengesetzten Polen aus. Das Alte Testament behandelt es von der Beziehung des Ganzen zum Teil, während das Neue Testament es von der Beziehung des Teils zum Ganzen behandelt. Dies ist wichtig, um die Beziehung zwischen dem Alten und dem Neuen Testament zu erklären.

(a) "Mein Wort wird nicht leer zu mir zurückkehren, sondern wird vollbringen, wozu ich es sende."
(b) Das Prinzip, auf das hier hingewiesen wird, ist das der Abwechslung und des Gleichgewichts zwischen Absorption und Ausstrahlung - ein Aufnehmen vor und ein Abgeben nach außen.
(c) "Ordnung" - alles, was diese aufhebt, ist "Unordnung".

(d) "Bewusstsein" - Es ist der Grad des Bewusstseins, der immer den Übergang von einer niederen zu einer höheren Lebenskraft markiert. Das Leben aller sieben Prinzipien muss immer in uns vorhanden sein, sonst würden wir gar nicht existieren; deshalb ist es der Grad, in dem wir lernen, bewusst in jedem von ihnen zu funktionieren, der unseren Aufstieg in höhere Reiche in uns selbst und oft auch außerhalb von uns markiert.
(e) Der zentrale Ausstrahlungspunkt unserer Individualität ist eins mit dem All-Sein.
(f) Gleichgewicht - Beachte den Unterschied zwischen dem lebendigen Gleichgewicht der abwechselnden rhythmischen Pulsation (die gesamte Pulsationslehre) und dem toten Gleichgewicht des bloßen Herunterlaufens auf eine tote Ebene. Ersteres impliziert die Lehre von der Rückkehr, der Aufwärtsbogen gleicht den Abwärtsbogen aus - die Leblosigkeit des Letzteren resultiert aus dem Fehlen eines solchen Ausgleichs. Der Aufwärtsbogen ergibt sich aus der Kontemplation des höchsten Ideals.
(g) Der Geist kann keinen Teil seiner Natur hinter sich lassen. Er muss immer alle Eigenschaften des Geistes in sich tragen, auch wenn sich die niederen Teile der Individualität dessen noch nicht bewusst sind.
(h) Die Große Affirmation ist der Wegweiser für das ganze Subjekt.)

Für ihn hat Gott keinen Namen, sondern das intensiv lebendige, universelle Leben, das alles in allem ist, und kein

Name ist ausreichend, um ihm zu entsprechen. Die emphatischen Worte "Ich bin" sind die einzig mögliche Erklärung für die Eine Kraft, die sich als alle Welten und alle Lebewesen zeigt. Es ist das große Ich bin, das sich für immer in allen unendlichen evolutionären Kräften des kosmischen Schemas entfaltet und sich in den aufeinanderfolgenden Rassen der Menschheit zu immer höherer bewusster Intelligenz entwickelt, die das Buch der Geschichte von Zeitalter zu Zeitalter abrollt und mit untrüglicher Präzision die stetige Vorwärtsbewegung des Ganzen auf die endgültige Vollendung hin ausarbeitet, in der das Werk Gottes vollendet wird. So gewaltig das Ausmaß ist, in dem sich diese Vorsehungsmacht Mose und den Propheten offenbart, so ist sie doch nichts anderes als dieselbe Macht, die Jesus uns auffordert, in uns selbst zu erkennen.

Der Schauplatz ihres Wirkens kann sich auf die großartigen Proportionen einer Weltgeschichte ausdehnen oder sich auf die Sphäre eines einzelnen Individuums beschränken: Der Unterschied liegt nur in der Größe, aber das Lebensprinzip ist immer dasselbe. Es ist immer das Prinzip der zuversichtlichen Bejahung in dem ruhigen Wissen, dass alle Dinge nur Manifestationen seiner selbst sind und dass deshalb alles in einer mächtigen Einheit zusammenfließen muss, die keine widersprüchlichen Elemente zulässt. Wenn wir diese "Einheit des Geistes" einmal klar erkannt haben, bedeutet "Ich bin", dass wir die Schwingungen unserer Gedankenströme durch das

Universum schicken, damit sie unseren Willen erfüllen, wann und wo wir wollen; und umgekehrt ziehen wir die belebenden Einflüsse des Unendlichen Geistes an wie aus einem grenzenlosen Ozean des Lebens, der niemals erschöpft werden kann und von dem uns keine Macht zurückhalten kann. Und all das ist so, weil es das oberste Gesetz der Natur ist. Es ist nicht die Einführung einer neuen Ordnung, sondern einfach das Zulassen, dass die ursprüngliche und einzig mögliche Ordnung zu ihrer rechtmäßigen Erfüllung führt. Eine göttliche Ordnung, wahrlich, aber nirgendwo finden wir etwas, das nicht göttlich ist; und die Bibel will uns zur Erkenntnis dieser göttlichen und lebendigen Ordnung führen. Aber wir werden sie niemals um uns herum erkennen, wenn wir sie nicht zuerst in uns selbst erkennen. Wir können Gott im Außen nur durch das Licht Gottes im Inneren sehen; und dieses Licht nimmt in dem Maße zu, in dem wir uns der göttlichen Natur des innersten Ich bin bewusst werden, das das Zentrum unserer eigenen Individualität ist.

Deshalb sagt uns Jesus, dass das Ich bin "die Tür" ist. Es ist der zentrale Punkt unseres individuellen Seins, der sich zum gesamten unendlichen Leben des Unendlichen öffnet. Wenn wir die alte Weisheit "Erkenne dich selbst" verstehen wollen, müssen wir unsere Gedanken mehr und mehr auf unser eigenes inneres Leben konzentrieren, bis wir seinen zentralen Ausstrahlungspunkt berühren, und dort werden wir feststellen, dass uns tatsächlich die Tür ins Unendliche geöffnet ist und wir vom Innersten unseres eigenen Seins ins Innerste des Alls gelangen können. Deshalb sprach Jesus von der "Tür" als derjenigen, durch die wir ein- und ausgehen und Weide finden sollen. Weide, also die Versorgung aller Fähigkeiten mit der richtigen Nahrung, ist sowohl im Inneren als auch im Äußeren zu finden. Die Lebendigkeit des Lebens besteht sowohl in der Konzentration als auch in der Veräußerung: Es ist nicht das tote Gleichgewicht der Trägheit, sondern das lebendige Gleichgewicht eines vitalen und rhythmischen Pulsierens. Involution und Evolution müssen sich immer abwechseln, und die Tür der Kommunikation zwischen ihnen ist das Ich bin, das die lebendige Kraft in beiden ist. So ist die Große Affirmation das Geheimnis des Lebens, und wenn wir "Ich bin" sagen und alles, was es beinhaltet, richtig verstehen, bringen wir uns in Kontakt mit allen Kräften des Unendlichen.

Dies ist die universelle und ewige Bejahung, an die kein Prädikat geknüpft ist; und alle besonderen Bejahungen sind nur besondere Unterscheidungen dieser allumfassenden Bejahung. Ich will diese oder jene Sache, weil ich weiß, dass ich sie verwirklichen kann, und ich weiß, dass ich es kann, weil ich weiß, dass ich es bin, und so kommen wir immer wieder auf die große zentrale Bejahung des All-Seins zurück. Wenn du die Heilige Schrift durchsuchst, wirst du feststellen, dass sie von Anfang bis Ende nur dies lehrt: dass jede menschliche Seele eine Individualisierung des universellen Wesens oder des Allgeistes ist, den wir Gott nennen, und dass dieser Geist niemals seiner Kräfte beraubt werden kann, sondern wie das Feuer, das sein Symbol ist, immer ganz und gar er selbst sein muss, der das Leben in all seiner unbegrenzten Fülle ist.

Wenn die New Thought-Bewegung der Affirmation die ihr gebührende Bedeutung beimisst, stimmt sie mit den Lehren von Jesus, Moses und der gesamten Bibel überein. Und der Grund dafür ist klar. Es gibt nur eine Wahrheit, und deshalb kann sorgfältiges Suchen die Menschen nur zu derselben Wahrheit führen, egal ob es sich um Bibelschreiber oder andere handelt. Die Bibel leitet ihre Autorität aus der ihr innewohnenden Wahrheit der Dinge ab, von denen sie berichtet, und nicht umgekehrt; und wenn diese Dinge überhaupt wahr wären, wären sie auch dann wahr, wenn keine Bibel geschrieben worden wäre. Wenn wir uns aber von der Großen Bestätigung leiten lassen, werden wir feststellen, dass das System, das die Bibel lehrt, durch und durch wissenschaftlich und logisch ist, und dass deshalb jedes andere System, das wissenschaftlich wahr ist, inhaltlich mit ihm übereinstimmt, auch wenn es sich in der Form davon unterscheidet.

III. Der Vater

Wenn, wie wir gesehen haben, "der Sohn" das differenzierende Prinzip des Geistes ist, das unzählige Individualitäten hervorbringt, so ist "der Vater" das einigende Prinzip, durch das diese unzähligen Individualitäten zu einem gemeinsamen Leben verbunden werden, und die Notwendigkeit, diese große Grundlage der universellen Harmonie zu erkennen, bildet die Grundlage der Lehre Jesu zum Thema Anbetung. "Frau, glaube mir, es kommt die Stunde, in der ihr weder auf diesem Berg noch in Jerusalem den Vater anbeten werdet. Ihr betet das an, was ihr nicht kennt; wir beten das an, was wir kennen; denn das Heil kommt von den Juden. Aber die Stunde kommt und ist jetzt, in der die wahren Anbeter den Vater im Geist und in der Wahrheit anbeten werden" (Revidierte Fassung). In diesen wenigen Worten fasst der große Lehrer das ganze Thema zusammen. Er legt besonderen Wert auf die Art der Anbetung, die er meint. Sie beruht in erster Linie auf Wissen.

"Wir beten das an, was wir kennen", und dieses Wissen verleiht der Anbetung eine gesunde und lebensspendende Qualität. Es ist nicht die unwissende Anbetung des Staunens und der Angst, eine bloße Demütigung vor einer riesigen, vagen, unbekannten Macht, die uns schaden könnte, wenn wir nicht herausfinden, wie wir sie besänftigen können. Die unwissende samaritanische Anbetung ist besser als gar keine Anbetung, denn sie erkennt zumindest, dass es ein Zentrum gibt, um das sich das Leben eines Menschen drehen sollte, etwas, das verhindert, dass sich seine Kräfte ziellos zerstreuen, weil es keine zentripetale Kraft gibt, die sie zusammenhält; und selbst die krude Vorstellung vom Gebet, als bloßer Versuch,

Gott umzustimmen, ist zumindest ein erster Schritt hin zu der Wahrheit, dass alle unsere Bedürfnisse vom Unendlichen erfüllt werden können. Dennoch ist diese Art der Anbetung mit Schwierigkeiten verbunden und kann nur eine schwache Antwort auf den atheistischen Spott geben, der fragt: "Was ist der Mensch, dass Gott sich seiner annimmt, ein momentanes Atom inmitten unzähliger Welten?"

Die Lehre Jesu wirft all diese Verwirrungen mit dem einzigen Wort "Wissen" beiseite. Es gibt nur einen wahren Weg, etwas zu tun, nämlich genau zu wissen, was wir tun wollen, und genau zu wissen, warum wir es tun wollen. Alles andere ist Irrglaube. Wenn wir die Methode des Stümperns irgendwann aufgeben müssen, warum dann nicht gleich jetzt, um davon zu profitieren, dass wir nach einem intelligenten Prinzip handeln? Die Erkenntnis, dass der "Sohn" als individueller Geist seine Entsprechung im "Vater" als universellem Geist hat, gibt uns den nötigen Anhaltspunkt.

Wie auch immer wir es zu erklären versuchen, es bleibt die Tatsache, dass der Wille das grundlegende Merkmal des Geistes ist. Wir können von bewusstem, unbewusstem oder überbewusstem Handeln sprechen, aber wie auch immer wir uns den Zustand des Handelnden vorstellen, wenn er sein eigenes Handeln betrachtet, eine allgemeine, zielgerichtete Lebenstendenz wird bei jedem erweiterten Blick auf die Natur, ob von außen oder von innen, überdeutlich, und wir können dies mit dem allgemeinen Namen "Wille" bezeichnen. Der Fehler, den wir vermeiden müssen, ist die Annahme, dass der Wille im Universellen Geist dieselbe Form annimmt wie im individualisierten Geist. Schon die Begriffe "universal" und "individuell" verbieten dies. Würde der universelle Geist als solcher einen spezifischen Willen ausüben und sich auf die Einzelheiten eines bestimmten Falles konzentrieren, würde er in die Individualisierung übergehen und aufhören, das Absolute und Unendliche zu sein; er wäre nicht mehr "der Vater", sondern "der Sohn". Deshalb ist der Vater gerade dadurch, dass er keinen spezifischen Willen ausübt, weiterhin "der Vater" oder das große vereinigende Prinzip. Aber die Willensqualität ist deshalb nicht abwesend vom Geist im Universellen; denn woher sollte diese Qualität sonst in uns selbst erscheinen? Sie ist vorhanden, aber je nach der Art der Ebene, auf der sie wirkt. Das Universelle ist nicht das Spezifische, und alles, was auf der Ebene des Universellen geschieht, muss von der Natur dieser Ebene geprägt sein. Der Wille des "Vaters" ist also nicht spezifisch, und was nicht spezifisch und individuell ist, muss allgemein sein. Der allgemeine Wille ist also die Art des Willens, die zum Universellen gehört, und der allgemeine Wille ist die Tendenz. Das ist die Lösung des Rätsels, und diese Lösung ist in Jesu Aussage, dass "der Vater" die wahren Anbeter sucht, die ihn im Geist und in der Wahrheit anbeten, nicht zu übersehen.

Denn was verstehen wir unter Tendenz? Von der Wurzel des Wortes tendere, sich ausdehnen; es bedeutet ein

Hinausdrängen in eine bestimmte Richtung, die Spannung einer Kraft, die sich ausdehnen will. Welche Kraft? Das universelle Lebensprinzip, denn "der Geist ist Leben". In der Sprache der modernen Wissenschaft ist dieses "Streben" des "Vaters" der expansive Druck des Universellen Lebensprinzips, das die Linie des geringsten Widerstands sucht, um in die vollste Manifestation des individualisierten Lebens zu fließen. Es ist eine Tendenz, die sich in dem Maße manifestieren wird, in dem sie empfangen wird.

Johannes sagt: "Das ist die Freimütigkeit, die wir vor ihm haben, dass, wenn wir etwas nach seinem Willen bitten, er uns erhört; und wenn wir wissen, dass er uns erhört, was wir bitten, so wissen wir, dass wir die Bitten haben, die wir von ihm erbeten haben" (1. Johannes V. 14). Nach der weit verbreiteten Vorstellung vom "Willen Gottes" verliert diese Passage ihren Wert, denn sie macht alles davon abhängig, dass wir "nach Seinem Willen" bitten, und wenn wir von einem individuellen Akt des göttlichen Willens in jedem einzelnen Fall ausgehen, könnte uns nichts anderes als eine besondere, ständig wiederholte Offenbarung darüber informieren, was der göttliche Wille in jedem einzelnen Fall war. So gesehen ist diese Passage ein bloßer Hohn auf unser Unvermögen. Aber wenn wir einmal erkannt haben, dass "der Wille Gottes" ein unveränderliches Gesetz der Tendenz ist, haben wir einen klaren Maßstab, an dem wir prüfen können, ob wir mit Recht erwarten können, das zu bekommen, was wir uns wünschen. Wir können dieses Gesetz der Tendenz wie jedes andere Gesetz studieren, und genau dieses Studium ist das Wesen der wahren Anbetung.

Das Wort "Anbetung" bedeutet, dass man etwas für würdig hält, das heißt, dass man es für wert hält, beobachtet zu werden. Das Sprichwort sagt: "Nachahmung ist die aufrichtigste Form der Schmeichelei", und noch wahrer ist, dass sie die aufrichtigste Anbetung ist. Die wahre Verehrung ist also das Studium des universellen Lebensprinzips, des Vaters, in seiner Natur und in seinen Handlungsweisen. Wenn wir auf diese Weise das "Gesetz Gottes" erkannt haben, das Gesetz, das der Natur des unendlichen Seins innewohnt, werden wir wissen, dass wir, wenn wir unser eigenes Handeln an dieses allgemeine Gesetz anpassen, feststellen werden, dass dieses Gesetz in jedem Fall die von uns gewünschten Ergebnisse hervorbringt. Das ist nicht mehr oder weniger wundersam als das, was in jedem Fall der angewandten Wissenschaft geschieht. Nur derjenige ist ein wahrer Chemiker oder Ingenieur, der zuerst lernt, wie er die allgemeine Tendenz der Naturgesetze befolgen kann, um sie dann für die Erfüllung seiner individuellen Ziele zu nutzen. Ähnlich verhält es sich mit dem Schüler, der das göttliche Geheimnis des Lebens erforscht. Er muss zuerst die großen Gesetze der allgemeinen Tendenz des Lebens kennenlernen, um dann in der Lage zu sein, diese Tendenz für die Erreichung jeder gewünschten Wirkung anzuwenden.

Der gesunde Menschenverstand sagt uns, was das Gesetz dieser Tendenz sein muss. Der Meister lehrte, dass ein Haus, das mit sich selbst uneins ist, nicht bestehen kann; und wenn das Lebensprinzip irgendetwas tun würde, was die volle Entfaltung des Lebens einschränkt, würde es zu seiner eigenen Zerstörung beitragen. Die Prüfung, ob unsere Absicht in den Geltungsbereich des großen Gesetzes fällt, ist daher in jedem Fall die folgende: Dient sie der Entfaltung oder der Einschränkung des Lebens? Und je nach Antwort können wir mit Sicherheit sagen, ob unsere Absicht dem "Willen Gottes" entspricht oder nicht. Solange wir also im Rahmen dieses allgemeinen "Willens des Vaters" arbeiten, brauchen wir keine Angst zu haben, dass die göttliche Vorsehung als Agentur gegen uns agiert. Wir können diese Befürchtung abtun, denn wir selbst sind eine Manifestation der Macht, die wir "den Vater" nennen. Das "Ich bin" ist eins, und solange wir diese Einheit bewahren, indem wir uns an die allgemeine Natur des "Ich bin" im Universellen anpassen, wird es diese Einheit sicher nicht zerstören, indem es auf eigene Faust eine bestimmte Handlung vornimmt.

Hier finden wir also das Geheimnis der Macht. Es ist in der wahren Verehrung des "Vaters" enthalten, die in der ständigen Anerkennung der Lebensspende des Ursprungsgeistes und der Tatsache besteht, dass wir als Individuen immer noch Teile dieses Geistes sind und dass es daher das Gesetz unserer Natur ist, ständig Leben aus den unerschöpflichen Vorräten des Unendlichen zu schöpfen - keine Flaschen mit Lebenswasser, die mit anderen Zutaten vermischt und für diesen oder jenen Zweck etikettiert sind, sondern der volle Fluss des reinen Stroms selbst, den wir für jeden Zweck nutzen können, den wir wünschen. "Wer will, der nehme das Wasser des Lebens umsonst." So wird die Anbetung "des Vaters" zum zentralen Prinzip des individuellen Lebens, nicht als Einschränkung unserer Freiheit, sondern als einzig mögliche Grundlage dafür. So wie ein Planetensystem ohne eine zentrale, steuernde Sonne unmöglich wäre, so ist ein harmonisches Leben ohne die Anerkennung des Unendlichen Geistes als die Kraft, deren allgemeine Tendenz dazu dient, jedes einzelne Wesen in seine richtige Umlaufbahn zu lenken, unmöglich. Das ist die Lehre der Bibel und auch die Lehre des New Thought, die besagt, dass das Leben mit all seinen grenzenlosen Möglichkeiten ein ständiger Ausfluss des Unendlichen ist, den wir in jede von uns gewünschte Richtung lenken können.

Aber, so könnte man fragen, was passiert, wenn wir diesem allgemeinen Gesetz des Geistes zuwiderhandeln? Das ist eine wichtige Frage, und ich muss die Antwort auf weitere Überlegungen verschieben.

IV. Schlussfolgerung

Ich habe mein letztes Kapitel mit der bedeutsamen Frage abgeschlossen: Was passiert, wenn wir dem allgemeinen Gesetz des Geistes zuwiderhandeln? Was passiert, wenn wir uns gegen ein Naturgesetz stellen? Offensichtlich widerspricht das Gesetz uns. Wir können die Gesetze der Natur nutzen, aber wir können sie nicht ändern. Wenn wir uns einem Naturgesetz widersetzen, versetzen wir uns selbst in eine umgekehrte Position zu diesem Gesetz, so dass es von diesem falschen Standpunkt aus betrachtet so aussieht, als würde das Gesetz selbst mit einer bestimmten Absicht gegen uns arbeiten. Die Umkehrung geht jedoch ausschließlich von uns selbst aus und nicht von einer Veränderung in der Wirkung des Gesetzes. Das Gesetz des Geistes ist wie alle anderen Naturgesetze an sich unpersönlich; aber wir tragen sozusagen den Abglanz unserer eigenen Persönlichkeit hinein, obwohl wir seinen allgemeinen Charakter nicht ändern können; und wenn wir uns seiner allgemeinen Tendenz zum universellen Guten widersetzen, werden wir darin den Abglanz unseres eigenen Widerstands und Widerspenstigseins finden.

Das Gesetz des Geistes geht unabänderlich seinen Weg, und was im Volksmund als göttlicher Zorn bezeichnet wird, ist nichts anderes als die Reflexwirkung, die natürlich folgt, wenn wir uns diesem Gesetz widersetzen. Das daraus resultierende Übel ist kein persönliches Eingreifen des Universellen Geistes, was bedeuten würde, dass er sich konkret manifestiert, sondern es ist das natürliche Ergebnis der Ursachen, die wir selbst in Gang gesetzt haben. Aber die Auswirkungen auf uns selbst sind genau dieselben, als ob sie durch den Willen einer gegnerischen Persönlichkeit herbeigeführt worden wären, auch wenn wir nicht erkennen, dass das persönliche Element in Wahrheit unser eigenes ist. Und wenn wir uns der wunderbar komplexen Natur des Menschen und der verschiedenen Verflechtungen von Prinzipien bewusst sind, die den materiellen Körper am einen Ende der Skala mit dem rein spirituellen Ego am anderen Ende verbinden, werden wir eine leise Ahnung davon bekommen, auf welch weitem Feld diese negativen Einflüsse wirken können, die sich nicht auf die Ebene der äußeren Manifestation beschränken, sondern auch auf den inneren Ebenen wirken, die die äußere hervorbringen und von dauerhafterer Natur sind.

Das philosophische Studium des Geistes ist also keineswegs eine Entschuldigung für nachlässiges Verhalten, sondern verleiht der biblischen Aufforderung, dem Zorn Gottes zu entfliehen, eine ganz besondere Bedeutung. Andererseits befreit sie uns von unbegründeten Ängsten, von der Angst, dass unsere Reue nicht angenommen wird, von der Angst, dass wir abgelehnt werden, weil wir nicht in der Lage sind, uns einem traditionellen Dogma anzuschließen, von der Angst vor der völligen Ungewissheit über die Zukunft - Ängste, die das Leben bitter und die Aussicht auf den Tod entsetzlich machen für diejenigen, die ihnen verfallen sind. Das Wissen, dass wir es mit einer Macht zu tun haben, die keine Rücksicht auf Menschen nimmt und in der es keine Unbeständigkeit gibt, sondern ein unabänderliches Gesetz ist, befreit uns sofort von all diesen Ängsten.

Die Unveränderlichkeit des Gesetzes macht es zur Gewissheit, dass kein noch so großer Widerstand in der Vergangenheit, sei es aus Unwissenheit oder Vorsatz, es daran hindern kann, gemäß seinem eigenen wohltätigen und lebensspendenden Charakter zu wirken, sobald wir unsere verkehrte Haltung aufgeben und uns in unser wahres Verhältnis zum Gesetz stellen. Die Naturgesetze kennen keine Rache, und wenn wir unsere Methoden ihrem Charakter anpassen, werden sie für uns arbeiten, ohne sich im Nachhinein um unsere vergangenen Fehler zu kümmern. Das Gesetz des Geistes mag komplexer sein als das der Elektrizität, weil es sich in uns als Gesetz der bewussten Individualität ausdrückt; aber es ist dennoch ein reines Naturgesetz und folgt einer universellen Regel, und deshalb können wir die Befürchtung, dass irgendeine göttliche Macht wegen der Vergangenheit Zorn auf uns hegt, als unbegründetes Hirngespinst abtun, wenn wir aufrichtig danach streben, jetzt das Richtige zu tun. Die neuen Ursachen, die wir jetzt in Gang setzen, werden genauso sicher ihre Wirkung entfalten wie die alten Ursachen; indem wir also eine neue Abfolge des Guten einleiten, werden wir die alte Abfolge des Bösen unterbrechen. Natürlich können wir nicht erwarten, dass wir die neue Abfolge herbeiführen, während wir die alten Ursachen wiederholen, denn die Frucht muss notwendigerweise die Natur des Samens reproduzieren. Wir sind also die Herren der Lage, und es liegt an uns, ob wir in dieser oder in der nächsten Welt das Böse fortbestehen lassen oder es auslöschen und das Gute an seine Stelle setzen. Am Rande sei bemerkt, dass die große zentrale christliche Lehre auf der vollkommenen Kenntnis dieses Gesetzes beruht und die praktische Anwendung der tiefsten psychologischen Wissenschaft auf ein tiefes Problem ist. Aber das ist ein großes Thema, das hier nicht angemessen behandelt werden kann.

Es ist viel über den Ursprung des Bösen geschrieben und gesagt worden, und man könnte einen ganzen Band mit der detaillierten Untersuchung dieses Themas füllen; aber für alle praktischen Zwecke lässt es sich in einem Wort zusammenfassen: Begrenzung. Denn was ist die eigentliche Ursache allen Streits, ob öffentlich oder privat, wenn nicht die Vorstellung, dass der Vorrat an Gutem begrenzt ist? Für den Großteil der Menschheit ist dies eine feste Vorstellung, und sie argumentieren daher, dass der eigene Anteil an den Gütern nur dann erhöht werden kann, wenn der Anteil eines anderen entsprechend verringert wird, weil es nur eine bestimmte begrenzte Menge an Gütern gibt. Jeder, der dieselbe Vorstellung hat, wehrt sich natürlich gegen den Versuch, ihm einen Teil dieser begrenzten Menge vorzuenthalten, und so entstehen Neid, Hass, Betrug und Gewalt, sei es zwischen Einzelnen, Klassen oder Nationen. Wenn die Menschen nur die Wahrheit erkennen würden, dass das "Gute" keine bestimmte, begrenzte Menge ist, sondern ein Strom, der unaufhörlich aus dem unerschöpflichen Unendlichen fließt und bereit ist, jede Richtung einzuschlagen, die wir ihm geben wollen, und dass jeder durch das Wirken seiner eigenen Gedanken in der Lage ist, unbegrenzt daraus zu schöpfen, würde die Ersetzung der alten und falschen Idee der Begrenzung durch diese neue und wahre Idee mit einem Schlag allen Streit und Kampf aus der Welt schaffen; Jeder Mensch würde in jedem anderen einen Helfer statt einen Konkurrenten finden, und die Naturgesetze, die jetzt so oft gegen uns zu kämpfen scheinen, würden zu einer unaufhörlichen Quelle von Gewinn und Freude werden.

"Sie konnten nicht zur Ruhe kommen wegen ihres Unglaubens", "sie schränkten den Heiligen Israels ein": Mit diesen Worten führt die Bibel, wie auch das New Thought, den ganzen Kummer der Welt - den schrecklichen Weltschmerz, der sich in der pessimistischen Literatur unserer Zeit mit so schrecklichem Einfluss ausdrückt - auf die eine Wurzel eines falschen Glaubens zurück, den Glauben an die Begrenztheit des Menschen. Man muss ihn nur durch den wahren Glauben ersetzen, und das Übel hätte ein Ende. Die Grundlage dieses wahren Glaubens ist die klare Vorstellung vom "Vater", die, wie ich gezeigt habe, die Grundlage der Lehre Jesu bildet. Wenn das Intelligente Universelle Lebensprinzip aus der einen Sicht eine Macht ist, der man gehorchen muss, in demselben Sinne, in dem wir allen Naturgesetzen gehorchen müssen, so ist es aus der anderen Sicht eine Macht, die man nutzen muss. Wir dürfen nie die Tatsache aus den Augen verlieren, dass der Gehorsam gegenüber jedem Naturgesetz in seiner allgemeinen Tendenz notwendigerweise eine entsprechende Macht mit sich bringt, dieses Gesetz in der konkreten Anwendung zu nutzen. Das ist das alte Sprichwort: Wissen ist Macht. Es ist das alte Paradoxon, mit dem Jesus die unwissenden Schriftgelehrten vor die Frage stellte, wie der Herr Davids auch sein Sohn sein könne. Das Wort "David" bedeutet "Geliebter", und geliebt zu sein bedeutet gegenseitige Sympathie, die intuitives Wissen ist. Daher ist David, der Geliebte, der Mann, der seine wahre Beziehung als Sohn zu seinem Vater erkannt hat und der "im Einklang mit dem Unendlichen" ist. Andererseits ist dieses "Unendliche" sein "Herr", weil es der Komplex all jener unveränderlichen Gesetze ist, von denen man nicht abweichen kann, ohne einen Machtverlust zu erleiden; und andererseits verleiht ihm das Wissen um die innersten Prinzipien des Alls unbegrenzte Kräfte, die er für jeden beliebigen Zweck einsetzen kann. So wird Davids "Herr" durch einen natürlichen Übergang zu seinem "Sohn".

Und genau darin besteht das Prinzip der "Sohnschaft". Es ist die Erhebung des Menschen aus dem Zustand der Knechtschaft aufgrund von Beschränkungen in den Status eines Sohnes durch die vollständige Aufhebung aller Beschränkungen. An diesen Grundsatz zu glauben und danach zu handeln bedeutet, "an den Sohn Gottes zu glauben", und ein praktischer Glaube an unsere eigene Sohnschaft befreit uns von allem Bösen und von der Angst vor dem Bösen - er bringt uns aus dem Reich des Todes in das Reich des Lebens. Wie alles andere muss auch diese

Erkenntnis wachsen, aber der gute Samen der befreienden Wahrheit, der einmal in unser Herz gepflanzt wurde, wird mit Sicherheit keimen, und je mehr wir uns bemühen, sein Wachstum zu fördern, indem wir versuchen, den Grund dieser Dinge mit unserem Verstand zu erfassen und unser Wissen in die Praxis umzusetzen, desto schneller werden wir feststellen, dass unser Leben an Lebendigkeit zunimmt - eine Freude für uns selbst, ein Glanz für unser Zuhause und ein Segen, der sich in immer weiteren Kreisen auf alle ausbreitet.

Es ist nun genug gesagt worden, um die prinzipielle Übereinstimmung zwischen der Lehre der Bibel und der des New Thought zu zeigen. Im Detail betrachtet, würde das Thema viele Bände mit Erklärungen zum Alten und Neuen Testament füllen, und wenn dieses große Werk jemals vollendet würde, zögere ich nicht zu sagen, dass die Übereinstimmung bis in die kleinsten Details reichen würde. Aber ich hoffe, dass die Hinweise in den vorangegangenen Abhandlungen ausreichen, um zu zeigen, dass es keine Gegensätze zwischen den beiden Systemen gibt, oder besser gesagt, um zu zeigen, dass sie eins sind - die Aussage der einen Wahrheit, die es immer gab und immer geben wird. Und wenn das, was ich jetzt versucht habe, meinen Lesern zu vermitteln, sie dazu bringt, das Thema für sich selbst weiter zu verfolgen, kann ich ihnen einen unerschöpflichen Vorrat an Staunen, Freude und Kraft versprechen, wenn sie das Alte Buch im Licht des New Thought studieren.

1902.

XX. JACHIN UND BOAS

"Und er richtete die Säulen vor dem Tempel auf, eine zur Rechten und die andere zur Linken, und nannte die zur Rechten Jachin und die zur Linken Boas." (II. Chron. iii, 17.)

Wahrscheinlich haben sich einige von uns gefragt, was diese beiden geheimnisvollen Säulen bedeuten, die Salomo vor seinem Tempel aufstellte, und warum sie diese merkwürdigen Namen trugen; und dann haben wir das Thema als eines jener unerklärlichen Dinge fallen gelassen, die in der Bibel aus alter Zeit überliefert sind und die, wie wir vermuten, für uns heute kein praktisches Interesse mehr haben. Dennoch sind diese seltsamen Namen nicht ohne Zweck. Sie enthalten den Schlüssel zur gesamten Bibel und zur gesamten Ordnung der Natur, und als Sinnbilder für die beiden großen Prinzipien, die die Säulen des Universums sind, standen sie passenderweise an der Schwelle des Tempels, der alle Geheimnisse des Seins symbolisieren sollte.

In allen semitischen Sprachen sind die Buchstaben J und Y austauschbar, wie wir im modernen Arabisch "Yakub" für "Jakob" und im alten Hebräisch "Yaveh" für "Jehova" sehen. Daraus ergibt sich die Form "Yachin", die das Rätsel sofort offenbart. Das Wort "Jachin" bedeutet "einer", und die Endung "hi" oder "er" ist ein Intensivum, das im Englischen mit "only" wiedergegeben werden kann.

So löst sich das Wort "Jachin" in die Worte "one only" auf, die allumfassende Einheit.

Die Bedeutung von Boas wird im Buch Rut deutlich. Dort erscheint Boas als Verwandter, der das Vorkaufsrecht ausübt, das den Kennern des orientalischen Rechts so vertraut ist - ein Recht, das den Erhalt der Familie als soziale Einheit zum Ziel hat. Nach diesem weit verbreiteten Brauch erwirbt der Käufer, der kein Mitglied der Familie ist, den Besitz vorbehaltlich des Rechts der Verwandten innerhalb eines bestimmten Grades, ihn zurückzukaufen und ihn so wieder in die Familie zu bringen, der er ursprünglich gehörte. Was auch immer unsere persönliche Meinung zu den schwierigen Fragen der dogmatischen Theologie sein mag, wir können uns alle auf das allgemeine Prinzip einigen, das in der Rolle von Boas zum Ausdruck kommt. Er holt das entfremdete Gut zurück in die Familie - das heißt, er "erlöst" es im rechtlichen Sinne des Wortes. Rechtlich gesehen ergibt sich seine Befugnis dazu aus seiner Zugehörigkeit zur Familie, aber sein Motiv dafür ist Liebe, seine Zuneigung zu Rut. Ohne die Analogie zu weit zu treiben, können wir also sagen, dass Boas das Prinzip der Erlösung im weitesten Sinne verkörpert, d. h. er fordert ein Gut aufgrund von Verwandtschaftsverhältnissen zurück, während die innerste bewegende Kraft bei der Rückgewinnung die Liebe ist.

Dafür steht Boas in der schönen Geschichte von Rut, und es gibt keinen Grund, warum wir denselben Namen nicht auch für dasselbe stehen lassen sollten, wenn wir nach der Bedeutung der geheimnisvollen Säule suchen. Die beiden Säulen stehen also für die Einheit und die erlösende Kraft der Liebe, mit der bedeutsamen Andeutung, dass die Erlösung aus der Einheit resultiert. Sie entsprechen den beiden "Banden" oder verbindenden Prinzipien, von denen der heilige Paulus spricht: "die Einheit des Geistes, die das Band des Friedens ist", und "die Liebe, die das Band der Vollkommenheit ist".

Ersteres ist die Einheit des Seins, letzteres die Einheit der Absicht: Das Prinzip dieser doppelten Einheit wird in der Geschichte von Boas gut veranschaulicht. Die ganze Geschichte geht von der Idee der Familie als sozialer Einheit aus, dem Grundgedanken des gesamten orientalischen Rechts, und wenn wir die Familie in diesem Licht betrachten, werden wir sehen, wie genau sie die zweifache Idee von Jachin und Boas verkörpert, die Einheit des Seins und die Einheit des Denkens. Die Familie bildet eine Einheit, weil alle Mitglieder von einem gemeinsamen Stammvater abstammen und somit von ein und demselben Blut sind. Doch obwohl sie dadurch eine natürliche Einheit des Seins haben, der sie sich nicht entziehen können, reicht das allein nicht aus, um sie zu einer vereinten Familie zu machen, wie die Erfahrung leider allzu oft zeigt. Es braucht noch etwas anderes, und das ist die Liebe. Es muss eine persönliche Vereinigung geben, die durch mitfühlendes Denken herbeigeführt wird, um die natürliche Vereinigung, die sich aus der Geburt ergibt, zu vervollständigen. Die innewohnende Einheit muss durch den individuellen

Willen eines jeden Mitglieds zum Ausdruck gebracht werden, und so wird die Familie zur idealen, vollkommenen sozialen Einheit; eine Wahrheit, auf die der heilige Paulus anspielt, wenn er Gott den Vater nennt, nach dem jede Familie im Himmel und auf Erden benannt ist. Boas steht also für das Prinzip, das das, was eine Zeit lang von der ursprünglichen Einheit getrennt war, wieder zu ihr zurückführt. Es gab nie eine Trennung des eigentlichen Seins - das Recht der Familie bestand immer in dem Besitz, auch wenn er sich in den Händen von Fremden befand, sonst hätte er nie zurückgebracht werden können; aber es bedarf des Prinzips der Liebe, um dieses Recht in die Tat umzusetzen.

Wenn dieses im Wissen um sein Recht zu wirken beginnt, kehrt der Einzelne zur Einheit zurück und erkennt sich selbst als besonderen Ausdruck des Universellen kraft seiner eigenen Natur.

Diese beiden Säulen stehen also für die beiden großen spirituellen Prinzipien, die die Grundlage allen Lebens sind: Jachin steht für die Einheit, die sich aus dem Sein ergibt, und Boas für die Einheit, die sich aus der Liebe ergibt. In dieser dualen Einheit finden wir den Schlüssel zu jeder denkbaren Entwicklung des Geistes; und es ist daher nicht ohne Grund, dass die Aufzeichnung dieser beiden alten Säulen in unseren Schriften erhalten geblieben ist. Und schließlich können wir dies als einen Hinweis auf den Charakter unserer Schriften im Allgemeinen nehmen. Sie enthält unendlich viele Bedeutungen; und oft zeigt sich, dass gerade die Passagen, die auf den ersten Blick bedeutungslos erscheinen, die tiefste Bedeutung haben. Das Buch, das wir oft so oberflächlich lesen, verbirgt unter seinen manchmal trivial erscheinenden Worten die Geheimnisse anderer Dinge. Die Zwillingssäulen Jachin und Boas zeugen von dieser Wahrheit.

XXI. HEPHZIBAH

"Du sollst nicht mehr verlassen heißen, und dein Land soll nicht mehr wüst heißen, sondern du sollst Hephziba heißen und dein Land Beula; denn der Herr hat Wohlgefallen an dir, und dein Land soll Hochzeit haben" (Jesaja lxii, 4). Der Name Hephzibah - oder, wie er geschrieben werden könnte, Hafzbah - vermittelt jedem, der im Osten gelebt hat, eine ganz bestimmte Vorstellung und ruft eine Reihe von vertrauten Wörtern hervor, die alle die gleiche Wurzel hafz enthalten, die "bewachen" oder "aufpassen" bedeutet, wie z.B. hafiz, ein Beschützer, muhafiz, ein Hüter, wie in dem Wort muhafiz daftar, ein Hauptbuchhalter; oder auch hifazat, Gewahrsam, wie bahifazat polis, in Polizeigewahrsam; oder auch daim-ul-hafz, lebenslängliches Gefängnis, und andere ähnliche Ausdrücke.

Alle Wörter aus diesem Wortstamm bedeuten "bewachen", und deshalb hat der Name Haphzibah eine ganz eigene Bedeutung. Er bedeutet "jemand, der bewacht wird", ein "Beschützer". Demzufolge muss es eine Macht geben, die beschützt, und der Name dieser Macht wird in Hosea ii, 16 genannt, wo sie "Ishi" heißt. "Und es wird geschehen an jenem Tag, spricht der Herr, dass du mich Ischi nennen wirst und nicht mehr Baali." "Baali" bedeutet "Herr", "Ishi" bedeutet "Ehemann", und zwischen den beiden gibt es eine ganze Welt von Unterschieden.

Wer die große Macht "Baali" nennt, lebt in einer Welt, wer sie "Ishi" nennt, lebt in einer anderen. Die Welt, die von Baali beherrscht wird, ist eine Welt der "elenden Würmer aus dem Staub" und anderer kriechender Kreaturen; die Welt aber, die von "Ishi" erwärmt und erleuchtet wird, ist eine Welt, in der Männer und Frauen aufrecht gehen und sich ihrer eigenen göttlichen Natur bewusst sind, anstatt auszuweichen, um nicht von den Füßen Molochs zermalmt zu werden, wenn er durch seine Herrschaftsgebiete schreitet. Wenn der Name Baali nicht eine falsche Vorstellung suggerieren würde, gäbe es keinen Grund, ihn durch einen anderen zu ersetzen, und der Namenswechsel deutet darauf hin, dass sich der Geist für eine größere und solidere Vorstellung von der wahren Natur des herrschenden Prinzips des Universums öffnet. Es ist kein gebieterischer Alleinherrscher, der sich selbst verherrlicht, der bösartig und boshaft ist, wenn seine kindliche Eitelkeit nicht dadurch befriedigt wird, dass er sein eigenes Lob förmlich verkündet, oft von Lippen, die nur aus Furcht geöffnet werden; es ist auch kein allmächtiger Erpresser, der uns das nehmen will, was wir am meisten schätzen, um seine Gier zu befriedigen oder seine Souveränität zu demonstrieren. Das ist das Bild, das sich die Menschen von Gott machen und sich dann erschrocken davor verneigen, indem sie eine Anbetung darbringen, die die Anbetung Baals ist, und das Leben leer machen, weil alles Lebendige aus ihm ausgelöscht wurde.

Ishi ist die Verkörperung des genauen Gegenteils: ein weiser und liebevoller Ehemann anstelle eines Zuchtmeisters, der seine Sklaven ausbeutet. In ihrem wahren Aspekt ist die Beziehung von Mann und Frau völlig frei von jeder Frage nach relativer Über- oder Unterlegenheit. Genauso gut könntest du fragen, ob das Vorderrad oder das Hinterrad deines Fahrrads wichtiger ist. Die beiden bilden ein einziges Ganzes, in dem die Funktionen beider Teile sich gegenseitig bedingen und gleichermaßen notwendig sind; doch gerade deshalb können diese Funktionen nicht identisch sein.

In einem gut geordneten Haushalt, in dem Mann und Frau durch gegenseitige Liebe und Respekt verbunden sind, sehen wir, dass die Funktion des Mannes darin besteht, in die Welt hinauszugehen und die Frau mit allem zu versorgen, was für den Unterhalt und den Komfort des Hauses notwendig ist, während die Funktion der Frau darin besteht, das zu verteilen, was ihr Mann zur Verfügung stellt, wobei sie ihrem eigenen Ermessen folgt; und ein vernünftiger Mann, der weiß, dass er sich auf eine vernünftige Frau verlassen kann, will nicht überall seine Finger im Spiel haben. Auf diese Weise läuft alles harmonisch ab - die Frau wird von Aufgaben entlastet, die nicht zu ihrem Wesen gehören, und der Mann von Aufgaben, die nicht zu seinem Wesen gehören. Aber wenn es zu Schwierigkeiten oder Gefahren kommt, weiß die Frau, dass sie von ihrem Mann all die Führung und den Schutz erhält, die sie braucht, denn er ist der weise und starke Mann, für den wir ihn halten.

Es ist diese Beziehung von Schutz und Führung, die das Wort Hephzibah andeutet. Es ist der Name für diejenigen, die ihre Identität mit dem alles ordnenden göttlichen Geist erkennen. Wer diese Einheit mit dem Geist erkennt, fühlt sich sowohl geführt als auch beschützt. Und hier berühren wir den Rand eines tiefen Naturgeheimnisses, das die Grundlage für alles Wertvolle in den höheren Mysterien der Alten bildete und dessen Substanz wir erkennen müssen, wenn wir in der Zukunft Fortschritte machen wollen, ganz gleich, welche Form wir annehmen, um uns oder anderen die Idee zu vermitteln. Es ist die Beziehung des individuellen Verstandes zum universellen Verstand, die Verbindung von Einheit und Unabhängigkeit, die, obwohl sie uns durch persönliche Erfahrung klar ist, in Worten kaum auszudrücken ist, in der Bibel aber häufig mit dem Bild der ehelichen Beziehungen dargestellt wird.

Es ist ein grundlegendes Prinzip, das in verschiedenen Formen die gesamte Natur durchdringt und in jeder Religion, die die Welt kennt, symbolisiert wird. In dem Maße, in dem der Einzelne diese Beziehung erkennt, wird er feststellen, dass er in der Lage ist, den universellen Geist zu nutzen, während er gleichzeitig von ihm geleitet und beschützt wird. Denn stell dir vor, wie es wäre, die Macht des universellen Geistes auszuüben, ohne von ihm geleitet zu werden. Es wäre wie in der alten Geschichte von

Phaeton, der versuchte, den Wagen der Sonne zu lenken, was mit seiner eigenen Zerstörung endete; und grenzenlose Macht ohne entsprechende Führung wäre der schrecklichste Fluch, den jemand über sich bringen könnte.

Die Beziehung zwischen dem individuellen Verstand und dem Universellen Verstand, wie sie in den wechselseitig verbundenen Namen Hephzibah und Ishi zum Ausdruck kommt, darf nie aus den Augen verloren werden; denn der Große Leitende Verstand, der unser intellektuelles Bewusstsein unermesslich übersteigt, ist kein anderer als wir selbst. Es ist das Eine Selbst, das die Grundlage aller individuellen Selbste ist und das deshalb in all seiner Grenzenlosigkeit so vollkommen eins mit jedem Einzelnen ist, als gäbe es kein anderes Wesen. Es ist die unendliche Ausdehnung all dessen, was wir wirklich sind. Es hat keinen Platz für die negativen Formen des Bösen, mit denen wir eine Welt der Illusion bevölkern, denn es ist das Licht selbst, und in ihm wird alle Illusion ausgelöscht; aber es ist die unendliche Ausdehnung all dessen, was in uns positiv ist, all dessen, was wirklich lebt.

Deshalb verlassen wir uns bei unserer Suche nach Führung und Schutz nicht auf eine geliehene Kraft von außen, die von der Willkür eines anderen abhängt, sondern auf die höchste Tatsache unserer eigenen Natur, die wir in vollkommener Freiheit nach Belieben einsetzen können, wobei wir keine andere Beschränkung kennen als die Verpflichtung, unseren eigenen reinsten und höchsten Gefühlen keine Gewalt anzutun. Und diese Beziehung ist ganz natürlich. Wir müssen den goldenen Mittelweg zwischen Anflehen und Ignorieren finden. Ein Naturgesetz muss nicht angefleht werden, um zu wirken; andererseits können wir es nicht nutzen, wenn wir seine Existenz ignorieren.

Da es sich dabei um das Gesetz des Geistes handelt und der Geist eine Persönlichkeit ist, kann diese Kraft, die gleichzeitig wir selbst und über uns selbst ist, als Person behandelt werden und man kann mit ihr sprechen und ihre Antworten mit dem inneren Ohr des Herzens empfangen. Jedes philosophische Konzept, das nicht zu diesem persönlichen Kontakt mit dem göttlichen Geist führt, greift zu kurz. Es mag richtig sein, soweit es geht, aber es geht nicht weit genug und schafft es nicht, uns mit unserem Lebenszentrum zu verbinden. Namen sind von geringer Bedeutung, solange die Verbindung echt ist. Der Höchste Geist, mit dem wir uns unterhalten, ist nur in den tiefsten Tiefen unseres eigenen Wesens zu finden und ist, wie Tennyson sagt, vollkommener als unsere eigenen Hände und Füße. Er ist unsere natürliche Basis, und wenn wir uns dessen bewusst werden, werden wir feststellen, dass wir in Wahrheit "Bewahrte" sind, die in allen Dingen vom Geist geleitet werden, und dass nichts zu groß und nichts zu unbedeutend ist, um in das große Gesetz unseres Wesens zu fallen.

Es gibt noch einen anderen Aspekt des Geistes, in dem er als Kraft gesehen wird, die es zu nutzen gilt; und der volle Fluss des Lebens besteht im ständigen Wechsel zwischen diesem Aspekt und dem, den wir gerade betrachtet haben, aber immer sind wir mit dem Universellen Geist verbunden, so wie die Blume durch ihre Wurzel lebt. Die Verbindung selbst ist untrennbar und kann niemals getrennt werden; aber sie muss bewusst wahrgenommen werden, bevor sie bewusst genutzt werden kann. Unsere ganze Entwicklung besteht darin, dass wir uns dieser Verbindung immer bewusster werden und die höhere Kraft für jeden Zweck einsetzen können, den wir vor Augen haben, und zwar nicht nur in der Hoffnung, dass sie uns antwortet, sondern auch in dem sicheren Wissen, dass sie nach dem Gesetz ihrer eigenen Natur dazu verpflichtet ist, und dass sie uns nach demselben Gesetz auch bei der Wahl der richtigen Objekte und Methoden leiten muss.

Die Erfahrung wird uns lehren, die warnenden Bewegungen des inneren Führers zu erkennen. Ein tief sitzendes Gefühl der Unzufriedenheit, ein unbeschreibliches Gefühl, dass irgendwie nicht alles richtig ist, sind die Anzeichen, auf die wir gut achten sollten; denn wir sind "Bewahrte", und diese inneren Regungen sind das Wirken des innersten Prinzips unseres eigenen Wesens, das das unmittelbare Ausströmen des Großen Universellen Lebens in die Individualität ist. Wenn wir darauf achten, werden wir uns nicht als Gefangene, sondern als geliebte und verehrte Ehefrau fühlen, deren Freiheit durch einen Schutz gesichert ist, der ihr nichts Böses antun kann.

XXII. GEIST UND HAND

Ich habe ein seltsames Stück altägyptischer Symbolik vor mir. Es stellt die Sonne dar, die zahllose Strahlen auf die Erde sendet, wobei jeder Strahl in einer Hand endet. Diese Art, die Sonne darzustellen, ist so ungewöhnlich, dass sie darauf hindeutet, dass der Schöpfer eine ganz andere Vorstellung im Kopf hatte als die, die man im Allgemeinen mit der Sonne als spirituellem Symbol verbindet. Wenn ich das Symbol richtig interpretiere, zeigt es nicht nur die Wahrheit über das göttliche Wesen als die große Quelle allen Lebens und aller Erleuchtung, sondern auch die entsprechende Wahrheit über unsere individuelle Beziehung zu diesem Zentrum. Jeder Strahl wird von einer Hand abgeschlossen, und eine Hand ist das Symbol für aktives Wirken; und ich denke, es wäre schwierig, eine bessere symbolische Darstellung für unzählige Individualitäten zu finden, von denen jede für sich arbeitet und die doch alle ihre Aktivität aus einer gemeinsamen Quelle beziehen. Die Hand arbeitet auf der Erde, und die Sonne, von der sie ausgeht, scheint am Himmel; aber die Verbindungslinie zeigt, woher die Kraft und das Geschick der Hand kommen.

Wenn wir uns den Mikrokosmos unserer eigenen Person anschauen, finden wir dieses Prinzip genau wieder. Unsere Hand ist das Instrument, mit dem wir all unsere Arbeit verrichten - sei es in der Literatur, in der Kunst, in der Mechanik oder im Haushalt -, aber wir wissen, dass all diese Arbeit in Wirklichkeit das Werk des Geistes ist, der Willenskraft im Zentrum unseres Systems, die zuerst bestimmt, was zu tun ist, und dann die Hand an die Arbeit setzt, um es zu tun; und bei der Ausführung werden der Geist und die Hand eins, so dass die Hand nichts anderes ist als der arbeitende Geist. Wenn wir diese Analogie nun auf den Mikrokosmos übertragen, sehen wir, dass wir alle in derselben Beziehung zum Universellen Geist stehen wie unsere Hand zu unserem individuellen Geist - zumindest ist das unsere normale Beziehung; und wir werden nie unsere volle Kraft entfalten, wenn wir nicht von diesem Standpunkt aus denken.

Wir erkennen unseren Willen zu Recht als das Zentrum unserer Individualität, aber wir sollten uns unsere Individualität besser als Ellipse statt als Kreis vorstellen, als eine Figur mit zwei "konjugierten Brennpunkten", zwei gleichgewichtigen Drehpunkten statt einem einzigen, von denen einer die Willenskraft oder das Vermögen des Handelns und der andere das Bewusstsein oder die Wahrnehmung des Seins ist. Wenn wir nur eines dieser beiden Zentren verwirklichen, verlieren wir sowohl das geistige als auch das moralische Gleichgewicht. Wenn wir das Zentrum, das unser persönlicher Wille ist, aus den Augen verlieren, werden wir zu schlaffen Visionären ohne Rückgrat; Und wenn wir in unserem Bestreben, das Rückgrat zu entwickeln, das andere Zentrum aus den Augen verlieren, werden wir feststellen, dass wir das verloren haben, was den Lungen und dem Herzen im physischen Körper entspricht, und dass unser Rückgrat, auch wenn es noch so perfekt entwickelt ist, mangels der Funktionen, die dem ganzen System Vitalität verleihen, schnell austrocknet und nur noch dazu taugt, in einem Museum aufgehängt zu werden, um zu zeigen, zu was für einem starren, leblosen Ding die stärkste Wirbelsäule wird, wenn sie von der Organisation getrennt wird, durch die sie allein Nährstoffe erhalten kann. Wir müssen den einen Brennpunkt unserer Individualität ebenso klar erkennen wie den anderen und beide in ein gleiches Gleichgewicht bringen, wenn wir all unsere Kräfte entwickeln und zu jener Vollkommenheit des Lebens aufsteigen wollen, die keine Grenzen für ihre herrlichen Möglichkeiten kennt.

Wenn wir das alte ägyptische Symbol verwenden und uns selbst als Hand betrachten, stellen wir fest, dass wir all unsere Kraft aus einem unendlichen Zentrum beziehen. Und weil es unendlich ist, brauchen wir nie zu befürchten, dass wir nicht alles in uns aufnehmen können, was wir für unsere Arbeit brauchen, sei es die Intelligenz, um das richtige Werkzeug zu finden, oder die Kraft, es zu benutzen. Außerdem erfahren wir durch das Symbol, dass diese zentrale Kraft allgemein ist. Das ist eine sehr wichtige Wahrheit. Sie ist das Zentrum, von dem alle Hände ausgehen, und sie ist für jede Hand genauso offen wie für jede andere. Jede Hand verrichtet ihre eigene Arbeit, und die gesamte zentrale Energie steht ihr für ihren eigenen Zweck zur Verfügung. Die Arbeit der Zentralenergie als solche besteht darin, die Hände mit Lebenskraft zu versorgen, und sie sind es, die diese universelle Kraft in all den verschiedenen Anwendungsformen differenzieren, die ihre unterschiedlichen Begabungen und Möglichkeiten nahelegen. Wir, die Hände, leben und arbeiten, weil der zentrale Geist in uns lebt und arbeitet. Solange wir uns diese ursprüngliche Wahrheit vor Augen halten, erkennen wir uns selbst als Wesen von unbegrenzter Güte, Intelligenz und Macht und arbeiten dementsprechend mit voller Kraft und Zuversicht. Wenn wir diese Wahrheit jedoch aus den Augen verlieren, werden wir feststellen, dass sich der stärkste Wille schließlich im ungleichen Kampf des Einzelnen gegen das Universum erschöpfen muss.

Denn wenn wir den Zentralen Geist nicht als die Quelle unserer Lebenskraft anerkennen, kämpfen wir buchstäblich "um unsere eigene Hand", und alle anderen Hände sind gegen uns, weil wir das Prinzip der Verbindung mit ihnen verloren haben. Das ist es, was unweigerlich passieren muss, wenn wir uns nur auf unsere individuelle Willenskraft verlassen. Wenn wir aber erkennen, dass der Wille die Kraft ist, mit der wir austeilen und dass jedes Austeilen ein entsprechendes Aufnehmen mit sich bringt, dann werden wir im grenzenlosen Ozean des zentralen lebendigen Geistes die Quelle finden, aus der wir unendlich viel aufnehmen können und die es uns ermöglicht, so viel auszuteilen, wie wir wollen. Für ein weises und effektives Geben ist ein starker und erleuchteter Wille eine absolute Notwendigkeit, und deshalb tun wir gut daran, den Willen oder die aktive Seite unserer Natur zu kultivieren. Wenn wir dies richtig tun, indem wir im Unendlichen Geist die einzige Quelle der Versorgung sehen, wird unsere Willenskraft durch das Wissen gestärkt, dass die ganze Macht des Unendlichen vorhanden ist, um sie zu unterstützen. Mit diesem ständigen Gefühl der Unendlichen Macht im Rücken können wir ruhig und beständig jedes noch so schwierige Ziel erreichen, ohne uns anzustrengen oder zu bemühen, weil wir wissen, dass es nicht nur durch die Hand, sondern durch den unbesiegbaren Geist, der durch sie wirkt, erreicht werden wird. "Nicht durch Macht noch durch Kraft, sondern durch meinen Geist, spricht der Herr der Heerscharen."

1902.

XXIII. DIE ZENTRALE STEUERUNG

Bei der Betrachtung der Beziehungen zwischen Körper, Seele und Geist, zwischen dem Universellen Geist und dem individuellen Verstand, deren methodische Erforschung die Geisteswissenschaft ausmacht, dürfen wir nie vergessen, dass diese Beziehungen nicht auf die Getrenntheit, sondern auf die Einheit dieser Prinzipien hinweisen. Wir müssen lernen, nicht einen Teil unseres Handelns einem Teil unseres Wesens zuzuschreiben und einen anderen einem anderen. Weder die Handlung noch die Funktionen sind in einzelne Teile aufgespalten. Die Handlung ist ein Ganzes, und das Wesen, das sie ausführt, ist ein Ganzes, und im gesunden Organismus sind die wechselseitigen Bewegungen der Prinzipien so harmonisch, dass sie nie ein anderes Gefühl als das eines vollkommenen und ungeteilten Selbst vermitteln. Wenn ein anderes Gefühl auftritt, können wir sicher sein, dass irgendwo eine Störung vorliegt, und wir sollten uns bemühen, die Ursache dafür zu finden und zu beseitigen. Der Grund dafür ist, dass es in einem perfekten Organismus nicht mehr als ein Kontrollzentrum geben kann.

Eine Rivalität der Steuerungsprinzipien würde die organische Ganzheit zerstören, denn entweder würden sich die Elemente trennen und sich entsprechend ihrer jeweiligen Neigungen um das eine oder das andere Zentrum gruppieren und so zwei unterschiedliche Individualitäten bilden, oder sie würden zu einem Zustand bloßer chaotischer Verwirrung reduziert werden; in beiden Fällen würde der ursprüngliche Organismus aufhören zu existieren. In beiden Fällen würde der ursprüngliche Organismus aufhören zu existieren. So gesehen ist es also eine offensichtliche Wahrheit, dass wir unsere Individualität nur dann bewahren können, wenn wir das zentrale Steuerungsprinzip in uns selbst beibehalten; und wenn dies die Charta unseres Seins ist, hängt unsere gesamte zukünftige Entwicklung davon ab, dass wir dieses zentrale Steuerungsprinzip erkennen und akzeptieren. Andernfalls werden uns all unsere Studien in der Geisteswissenschaft nur in ein verwirrendes Labyrinth von Prinzipien und Gegenprinzipien führen, das noch viel schlimmer ist als der Zustand der unwissenden Einfachheit, von dem wir ausgegangen sind.

Dieses zentrale Steuerungsprinzip ist der Wille, und wir dürfen nie die Tatsache aus den Augen verlieren, dass alle anderen Prinzipien, die wir in unseren Studien kennengelernt haben, nur als seine Instrumente existieren. Der Wille ist das wahre Selbst, von dem sie alle Funktionen sind, und unser ganzer Fortschritt besteht darin, dass wir diese Tatsache immer besser erkennen. Es ist der Wille, der sagt "ICH BIN", und deshalb sind alle unsere Kräfte, wie großartig sie auch sein mögen oder wie wunderbar sie in ihren höheren Entwicklungen auch erscheinen mögen, der zentralen Kontrollkraft des Willens unterworfen. Wenn der erleuchtete Wille gelernt hat, sich vollkommen mit den grenzenlosen Kräften des Wissens, des Urteilsvermögens und des schöpferischen Denkens, die ihm zur Verfügung stehen, zu identifizieren, dann hat das Individuum die vollkommene Ganzheit erreicht, und alle Begrenzungen sind für immer verschwunden.

Und nichts anderes als dieses Bewusstsein der vollkommenen Ganzheit kann uns zufriedenstellen. Alles, was dahinter zurückbleibt, ist eine Verkörperung des Todesprinzips, des großen Feindes, gegen den das Lebensprinzip unaufhörlich Krieg führen muss, egal in welcher Form oder in welchem Ausmaß er sich zeigt, bis "der Tod vom Sieg verschlungen wird". Es kann keinen Kompromiss geben. Entweder wir bejahen das Leben als Prinzip oder wir leugnen es, egal wie groß oder wie klein es ist; und das Kriterium, nach dem wir unsere Haltung bestimmen, ist die Erkenntnis unserer eigenen Ganzheit. Der Tod ist das Prinzip der Auflösung, und wenn wir zugeben, dass irgendein Teil unseres Organismus, ob geistig oder körperlich, einen Zustand unabhängig von der Absicht des Willens herbeiführen kann, geben wir zu, dass die Kraft der Auflösung dem Kontrollzentrum in uns selbst überlegen ist, und wir betrachten uns als einen Gegner, der uns gefangen hält und von dem wir uns nur durch die Erlangung einer wahreren Denkweise befreien können.

Der Grund dafür ist, dass wir entweder aus Unwissenheit oder aus Nachlässigkeit die Kontrolle über das System als Ganzes aufgegeben haben und das Element des Ziels verloren haben, um das sich das Bewusstsein der

Individualität immer drehen muss. Jeder Zustand unseres Bewusstseins, ob aktiv oder passiv, sollte das Ergebnis einer bestimmten Absicht sein, die wir mit unserem eigenen freien Willen verfolgen; denn die passiven Zustände sollten genauso unter der Kontrolle des Willens stehen wie die aktiven. Es ist das Fehlen eines Ziels, das uns der Macht beraubt. Je höher und klarer unser Ziel definiert ist, desto größer ist der Anreiz, alle unsere Fähigkeiten zu kontrollieren, um es zu erreichen. Und da das größte aller Ziele die Stärkung und Veredelung des Lebens ist, werden wir uns in dem Maße, in dem wir dies zu unserem Ziel machen, in der Einheit mit dem Höchsten Universellen Geist wiederfinden und in unserem individuellen Bereich für die Förderung desselben Ziels handeln, das das herrschende Prinzip des Großen Ganzen beseelt.

Aber bei all dem darf es keine Überforderung geben. Die wahre Ausübung des Willens ist keine Ausübung von unnatürlicher Kraft. Sie besteht einfach darin, unsere Kräfte in ihre natürlichen Bahnen zu lenken, indem wir auf intelligente Weise die Richtung erkennen, in die diese Bahnen führen. Wie unterschiedlich sie im Einzelnen auch sein mögen, sie haben eine klar definierte gemeinsame Tendenz zur Vermehrung des Lebens - sei es in uns selbst oder in anderen - und wenn wir uns dies ständig vor Augen halten, werden alle unsere Kräfte, ob innerlich oder äußerlich, so harmonisch zusammenwirken, dass man nicht das Gefühl hat, dass eine von ihnen unabhängig agiert. Die zu Studienzwecken gemachten

Unterscheidungen werden beiseite gelegt, und das Selbst in uns wird sich als die Verwirklichung eines großen idealen Wesens erweisen, das zugleich individuell und universell ist, bewusst frei in seiner individuellen Ganzheit und in seiner freudigen Teilnahme am Leben des universellen Ganzen.

XXIV. WAS IST HÖHERES BEWUSSTSEIN?

Beschluss des Kensington Higher Thought Centre vom Oktober 1902.

"Das Zentrum steht für die eindeutige Lehre der absoluten Einheit von Schöpfer und Schöpfung - Ursache und Wirkung - und dass nichts, was den oben genannten Prinzipien widerspricht oder entgegensteht, auf der Plattform des Zentrums für höhere Gedanken zugelassen wird.

"Mit dem Einssein von Ursache und Wirkung ist gemeint, dass die Wirkung (der Mensch) nur aus dem besteht, was die Ursache ist; aber ein Teil (die individuelle Persönlichkeit) ist deshalb nicht mit dem Ganzen identisch."

Dieser Beschluss ist von größter Bedeutung. Wenn du einmal zugibst, dass es irgendeine Macht außerhalb deiner selbst gibt, egal wie wohltätig du sie dir vorstellst, dann hast du die Saat gesät, die früher oder später die Frucht der "Angst" tragen muss, die das Leben, die Liebe und die Freiheit völlig zerstört. Es gibt keinen Weg über die Medien. Sagen wir, wir sind nur ein - wenn auch noch so genaues - Abbild des Lebens, und mit diesem Eingeständnis haben wir unser Geburtsrecht verraten. Wie klein oder plausibel auch immer der Keim des Gedankens sein mag, der zugibt, dass wir prinzipiell etwas anderes sind als das

Leben selbst, er muss zum endgültigen Ruin des Lebensprinzips selbst führen. Wir sind Es selbst. Der Unterschied besteht nur zwischen dem Allgemeinen und dem Besonderen ein und derselben Sache. Wir müssen sowohl in unserem Inneren als auch im Äußeren ernsthaft für das eine große Fundament kämpfen und dürfen bis in alle Ewigkeit keinen einzigen Gedanken zulassen, der im Widerspruch zu dieser grundlegenden Wahrheit des Seins steht.

Die wichtigsten Ideen, die mit dem Höheren Denken verbunden sind, sind (I) dass der Mensch die Umstände beherrscht, anstatt von ihnen beherrscht zu werden, und (II) dass alles, was uns lehrt, uns auf eine Kraft zu verlassen, die von einer Quelle außerhalb von uns selbst stammt, kein Höheres Denken ist; und dass alles, was uns die unendliche Quelle unserer eigenen innewohnenden Kraft und die daraus resultierende grenzenlose Natur dieser Kraft erklärt, Höheres Denken ist. Dies vermeidet die Verwendung von Begriffen, die nur diejenigen verwirren können, die nicht an abstrakte Formulierungen gewöhnt sind, und entspricht im Wesentlichen dem Beschluss vom Oktober 1902.

XXV. FRAGMENTE

1. Gott ist Liebe. Der Mensch, der das Verständnis Gottes hat, spricht das Wort der Macht.

2. Der Mensch bringt Gott zum Ausdruck.

3. Der Vater ist das Gleichgewicht. Der Sohn ist die Konzentration desselben Geistes. Der Geist ist Projektion. Die dreieinige Beziehung besteht immer aus diesen dreien: (I) Das Potenzial - (II) Das Ideal - (III) Das Konkrete.

(I) Das Potenzial ist das Leben in seiner höchst abstrakten Form, die noch nicht einmal als Gedanke in Form gebracht wurde. Es ist in keiner Weise konkretisiert.
(II) Das Ideal ist die Konkretisierung des Potenzials zu einem bestimmten formulierten Gedanken.
(III) Das Konkrete ist die Manifestation des formulierten Gedankens in sichtbarer Form.

Was jeder Mensch will, ist lebendiger zu werden - wie Jesus sagte: "Ich bin gekommen, damit sie das Leben haben und es in Fülle haben" - und nur wenn wir uns selbst als eine vollkommene Einheit begreifen, die nicht aus gegensätzlichen Teilen besteht, und dass diese Einheit Geist ist, können wir die Lebendigkeit in uns verwirklichen, die Geist ist und die wir als Geist sein sollten. Das ist die perfekte Demonstration."Die Wahrheit wird dich frei machen"

Leben : Liebe : = Die Wahrheit Freiheit : Die ultimative Wahrheit wird immer aus diesen dreien bestehen, und alles, was ihnen zuwiderläuft, widerspricht der fundamentalen Wahrheit.

VEREHRUNG

Die Anbetung besteht in der Anerkennung der persönlichen Natur des Heiligen Geistes und im ständigen Wechsel (Pulsieren) zwischen den beiden Positionen "Ich bin die Person, die Du bist" und "Du bist die Person, die ich bin". Die beiden Persönlichkeiten sind eins.

Printed in Poland
by Amazon Fulfillment
Poland Sp. z o.o., Wrocław

54893906R00133